KB089356

이혼을 결심했다면

이혼을 결심했다면

초판 1쇄 발행 2023년 12월 8일

지은이   정성옥

펴낸이   박상욱
펴낸곳   도서출판 피서산장
등록번호 제2022-000002호
주소   대구광역시 중구 이천로 222-51
전화   070-7464-0798
팩스   0504-260-2787

편집기획 이향숙
본문디자인 이신희
표지디자인 엠애드컴 송현선

메일   badakin@daum.net

ISBN   979-11-92809-05-2   03330

divorce

이
혼
을

결
심
했
다
면

- 어린 쌍둥이를 떠올리며 끝없이 흐르는 눈물을 닦지도 못하는 엄마.
- 이러지도 저러지도 못하고 이대로 살 수밖에 없다며 표정 없는 얼굴로 중얼거리는 나이 많은 아내.
- 가족만 생각하며 정신없이 살아왔는데, 이제 와 가족이 나를 버린다며 허공을 바라보는 지친 아빠.
- 내가 다 용서하고 받아주겠다는데도, 헤어지자니 도대체 어떻게 해야 할지 모르겠다는 남편.

그들은 '이혼'이란 단어 앞에서 하염없이 작아졌다. 억울하고, 분하고, 답답하고, 체념하는 마음이 뒤섞여 혼란스러워했다. 이렇게 이혼을 고민하는 동안 '얼른 정신 차리고 살 방법을 찾아라', '어영부영하다가 다 빼앗긴다'며 현실적(경제적)인 대비를 강조하는 주변 지인들. 답답한 마음에 이혼이라는 단어를 인터넷에 검색하면 나에게 유리한, 내가 원하는 대로 이혼할 수 있는, 무수한 경험과 경고와 당부들로 가득하다. 그러나 이런 안내는 비슷한 듯 어긋나서 나의 불안이나 답답함을 쉽게 잠재우지 못한다. 우리가 겪는 상황이 똑같지는 않기 때문이다.

이혼은 부부 삶의 맥락과 가족 상황에 따라 수많은 스펙트럼을 가지고 있다. 어떤 이혼은 안전하게 하는 것이 우선이고, 어떤 이혼은 건강하게 하는 것이 절실하다. 그 어느 때보다 신속하게 해야 하는 이혼도 있다. 또 이혼하는 시기와 방법, 진행 속도까지 다 다르다. 어떤 이혼을 해야 나는, 우리 가족은 이혼 너머를 향해 온전히 갈 수 있을까. 분명 긴 여정이 될 것이다. 우선 나의 마음, 감정 상태, 환경을 차분히 생각해보는 시간이 필요하다. 배우자를 향한 나의 마음부터 깊이 생각하고 정리하자. 나머지 상황은 그다음이다.

언젠가 상담을 하던 중에 '이혼에 대해 이런저런 생각 정말 많이 했어요. 그런데 깊이 생각한다는 게 어떻게 하는 거예요?'라며 힘없이 묻던 사람이 있었다. 생각을 많이 한다고, 깊이 있는 생각이 되는 것은 아니다. 이혼에 대해 고민하는 다수가 진정으로 원하는 모습을 향해, 찬찬히, 구체적으로 생각하는 방법을 잘 모를 수 있다는 것을 깨달았다. 물론 이혼 과정에 대한 여러 종류의 안내가 있다. 하지만 이혼 결심부터 이혼하는 과정에서 나와 배우자와 자녀가 어떻게 헤쳐나가면 좋을지 차근차근 따라갈 안내서는 부족해 보였다. 그래서 용기를 냈다. 막막할 때, 누구에게도 선뜻 이야기 꺼내기 어려울 때, 읽으면서 복잡한 생각을 정리해 나갈 수 있는 안내서를 만들고 싶었다.

 이혼 너머의 행복한(내가 꿈꾸는) 삶은 누군가가 주는 것이 아
니다. 한 가족으로 지낼 때와는 다른 모습이지만, 나와 배우자(헤어
질)와 자녀가 노력한다면 각자의 위치에서 행복할 수 있다고 믿는
다. 이혼 결심, 이혼 과정, 이혼 이후, 녹록하지 않은 시간을 보내고
있는 누군가에게 이 책이 120cm(사람 사이의 안전한 거리)쯤 떨어진
곳에서 지지하는 친구가 되었으면 하는 바람이다.

 이혼과 자녀 양육 관련 상담을 시작한 것은 대구가정법원에
서 전문상담위원 역할을 맡으면서다. 그 외에도 10여 년이라는 시
간이 지나면서 몇 가지 역할을 더 맡게 되었다. 재판상 이혼을 진행
할 때 심리적 조정조치로 상담을 받거나, 협의이혼할 때 미성년 자
녀가 있는 경우 의무면담을 받는 부부를 만났다. 최근에는 면접교
섭센터에서 이혼 과정이나 이혼 후에 면접교섭이 잘 이루어지지
않는 경우, 자녀와 비양육부모의 면접교섭을 돕는 일도 한다.

 상담현장에서 끊어져 가는 부부의 연(緣)을 힘겹게 붙들고
있는 부부를 만나면서 한때는 자신보다 더 사랑했던 배우자와 자

녀의 관계를 다시 정립하는 동안, 많은 고통이 뭉개진다는 것을 알게 되었다. 가족 구성원뿐만 아니라, 주변의 또 다른 가족들도 마찬가지다. 누구보다 나를 걱정해주는 어머니와 언니와 형과 동생과 싸우게 되는 경우가 허다하다. 저마다 나를 각별하게 여기고 돕고자 하는 마음이지만, 현실에 드러난 모습은 서로에게 화내고 상처 주는 말로 가득하다. 삶이 더욱 버거워진다.

이혼을 앞둔 사람들은 내 편이라 생각했고, 내 편인 사람에게서 새로운 상처와 고통을 받기도 한다. 인생에서 중요한 선택을 앞두고 있어 그럴 수 있다. 하지만 인생에서 그 어느 때보다 중요한 선택을 해야 하는 순간(객관적 사실과 주관적 행복이 균형을 이루어야 하는)에 이러한 일들은 이혼 앞에선 나를 고통의 심연으로 이끈다. 세상 그 누구도 진짜 내 마음을 몰라주는 것 같을 것이다. 이혼을 결심하기까지 나는 어떤 선택도, 대처도 하기 어렵게 된다. 그러다 보니 이혼과 관련하여 내가 진정으로 원하는 것에 상관없는, 심지어 반대되는 행동을 선택하기도 한다. 복잡하게 얽힌 상황에서 밤잠 설치며 했던 수많은 생각과 고민이 오히려 엉뚱한 방향으로 이끌게 된 것이다. 누구도 행복할 수 없는 방향으로 말이다.

상담현장에서의 경험은 지극히 개인적이고 제한적이다. 이혼을 앞둔 사람들의 모든 상황이 같지 않기에. 그들이 힘겹게 내놓는 삶의 이야기를 들으면서 상담위원으로서 성심껏 응답하고자 노력했다. 한 사람 한 사람의 삶의 이야기가 내 몸에 머무르고 통과할 때, 때로는 응원을, 때로는 위로를, 때로는 현실을 마주할 수 있도록 힘을 주고자 했다. 그런 시간 동안 하고 싶은 일이 하나 생겼다. 글을 쓰는 일. 초라한 능력이지만, 이혼을 결심하고 갈래 길에서 고민만 깊어지는 분들에게 각자의 길을 밝히는데, 도움이 되고 싶은 마음에 한껏 용기를 내었다.

통합문학치료 공부를 하면서 통합문학치료는 '잃어버린 자신의 언어를 찾아주는 것'이라고 배웠다. 나도 그렇게 믿는다. 그래서 이 책의 후반에는 이혼 후 새로운 환경에 적응할 때 도움이 될만한 통합문학치료의 몇몇 작업을 소개했다. 그림책, 영화, 동화책 등을 보고 난 뒤 자신의 마음을 표현할 수 있도록 구성했다. 익숙하고 소중한 관계가 이제 낯선 관계로 변해 막막할 때, 삶의 이야기를 글로 표현해가며 새로운 의미를 만들어 갈 수 있으면 좋겠다. 자신의 삶을 이야기할 수 있는 언어를 갖기를. 또 이 책과 함께 이혼에 관한 여러 가지를 정리하는 시간이 여러분들에게 큰 숨통이 되어 이혼 과정이, 이혼 이후의 삶이 적응적이고, 다소 견딜만하면 좋겠다.

책의 구성을 살펴보면 먼저 이혼 결심에 앞서 정말 이혼할 준비가 되었는지, 이혼 준비 점검 체크 리스트를 통해 점검해볼 것이다. 다음으로 이혼 전 여성과 남성의 심리를 살펴보며 이혼에 앞서 자신의 마음 상태를 찬찬히 들여다볼 수 있다.

다음으로는 이혼 후 부모 자녀 관계에 대해 집중적으로 다룬다. 양육자와 비양육자의 입장을 구분하여 현실적인 도움을 주고자 한다. 자녀와 관련해서는 자녀의 연령에 따라, 즉 영아기, 유아기, 아동기, 청소년기, 성인기로 세분화해서 시기별로 생길 수 있는 어려움을 살펴볼 것이다. 그리고 자녀의 연령에 따라, 양육 부모로서 또는 비양육 부모로서 유의해야 할 행동도 점검해본다. 물론 이혼 과정이나 이혼 후 자녀의 적응을 돕기 위한 구체적인 방법도 제안한다.

마지막에는 이혼 후 변화된 삶에 적응을 돕고자 부모 혼자 또는 자녀와 해 볼 수 있는 여러 가지 작업을 제안했다. 통합문학치료를 활용한 작업을 하면서 힘듦과 슬픔 사이 삼킨 나의 말들을 찾아나선다. 우선, 자신에 관한 탐구와 자기표현을 해보고, 부모 역할을 위해 스스로에게 질문하고 답해본다. 다음으로 그림책이나 영화를 보면서 자녀의 마음을 헤아려보며 자녀와 눈을 맞추어본다. 이런 작업을 하면서 이혼 과정에서 경험한 힘든 일에 대해 새로운 의미를 찾고, 자신의 언어로 담담하게 설명할 수 있기를 기대한다.

요즘은 무슨 일에든 설명서, 즉 매뉴얼을 요구한다. 누구라도 그대로 따라 하면 되는 구체적인 순서와 방법을 원한다. 하지만 사람의 마음이 작용하는 일에는 모두에게 적용될 수 있는 매뉴얼이 존재하기 어렵다. 같은 글을 읽고도 읽는 사람마다 받아들이는 정도가 천차만별인데, 하물며 인생에서 중대한 갈림길에 섰을 때는 더욱 복잡하다. 결국, 이혼 과정에 들어서서 여러 가지 일에 대처할 때 나와 자녀를 위한 유일한 방법은 스스로 만들어가는 것이다. 이혼 앞에서 작아지는 분들의 마음이 선명해지고, 새로운 모습의 가족이 건강하게 적응하는데 조금이라도 가닿는 글이 되기를 희망하면서 썼다. 조금이라도 도움이 되면 좋겠다.

이 책이 부부갈등으로 이혼을 고민하는 사람, 이혼을 결심했지만, 자녀 양육에 관해 고민이 되는 부부, 이혼을 앞두고 자신과 자녀의 변화된 삶에 적응력을 높이고 싶은 사람에게 도움이 되었으면 한다. 또한 이혼 상담, 면접교섭과 관련한 상담업무 종사자에게도 이혼을 앞둔 가족들을 만날 때 작은 표지등이 되기를 바란다.

무엇보다 이 책은 이혼에 맞서는 책이 아니다. 그렇다고 권장하는 것도 아니다. 이미 이혼을 결심한 이들을 위해 이왕 하는 이혼 잘하자는 책이다. 당신이 이혼을 결심했다면 차근차근 따져보고, 건강하게 이혼하자.

2005년 처음 문학 치료를 공부하고, 사람들의 힘든 이야기를 듣는 일을 하게 되었다. 지금 생각하면, 어떻게 그런 무모한 용기를 낼 수 있었는지 모르겠다. 그동안 일하면서 만난 분들이 저에게 주신 통찰들을 이 책에 담았다. 그분들께 깊이 감사드린다. 이제, 이 책이 인생에서 이혼과 같은 중요한 순간을 헤쳐 나가고 있는 다른 분들께 가닿기를 바란다. 그리고 기꺼이 손 내밀어준 피서산장 대표님과 편집장께 고마운 마음 전한다.

2023년 여름에.
정성옥

Chapter 4. 이제, 힘듦과 슬픔 사이에 삼킨 말들을 찾아 나서자

통합문학치료를 활용한 치유작업 _ 144

Chapter 1

이혼 결심은 신중하게

이혼할 준비가 정말 되었나요?

이혼을 생각하는 부부의 대부분은 가족에 대한 책임감을 알고, 각자 나름의 노력을 한다. 우리나라 이혼율이 아무리 높다 해도 몇 번의 부부싸움으로 이혼을 결심하지는 않는다. 자신이 선택한 결혼을 유지하기 위해 수백 번의 다짐을 하고, 가족을 위해 어떤 것이 도움 될지 생각하고 또 생각해서 행동한다. 하지만 이러한 노력이 서로에게 의미 없다고 느낄 때, 변하지 않는 상대방의 행동에 지치고 상처받아 도저히 버틸 수 없을 때 이혼을 결심한다.

결혼 생활을 끝내고 싶고, 이혼을 생각한다고 해서 이혼에 대한 준비가 된 것은 아니다. 이혼을 결심하는 것은 한 사람의 인생에서 중요한 결정 중 하나이다. 그 결과는 수년 동안, 어쩌면 남은 인생 전반에 영향을 미칠 수 있다. 자녀가 있는 경우라면 더욱 그렇기에 이혼을 결심하기까지 이혼의 결과와 영향에 대해 수많은 생각을 했을 것이다. 이혼은 자녀의 삶과 생활 방식, 경제적 상황에 영향을 미치므로 올바르고 완벽한 결정을 내리고 싶을 것이다. 지금까지도 풀지 못하거나, 선택하기 힘든 고민도 있을 수 있다.

사람들은 막상 이혼을 결심하고 이혼절차를 시작하면 이후의 과정이 가능한 한 빨리 끝나기를 원한다. 원활하지 못했던 결혼 생활과 '이혼절차'라는 스트레스 상황에서 벗어나길 소망하고, 새로운 환경에 하루라도 빨리 적응하고자 한다. 그러나 이 바람은 쉽게 이루어지지 않는다. 이혼 준비를 제대로 하지 않았다면 말이다. 부부가 이혼에 대해 동의하는지, 어떻게 이혼할지에 대해 구체적인 생각까지 비슷한지도 중요하기 때문이다. 종종 수년간 이어지는 법정 소송에 얽히는 경우나 이혼 과정을 빨리 끝내기 위해 지키기 어려운 합의를 하고 이혼하는 경우를 볼 수 있다. 결국, 문제 해결을 위한 선택이 또 다른 문제의 시작이 돼 버린 셈이다.

이혼이 협력적이고 존중하는 분위기에서 진행되려면 각자가 삶을 분리할 준비가 되어있어야 한다. 법적으로, 감정적으로, 경제적으로, 이를 위해 다음 질문에 스스로 답해보며 이혼에 대한 준비가 어느 정도인지 점검해보자.

질문 1. 당신은 정말 이혼을 원합니까?

혹시 상대 배우자를 위협하려는 목적은 아닙니까?

결혼 생활 동안 부부갈등의 증폭기와 냉각기를 반복하면서 화가 날 때마다 습관처럼 이혼을 말하지는 않았는지, '이혼'이라는 말에 상대 배우자의 행동이나 마음이 바뀔 것으로 기대하는지, 당신이 힘든 만큼 상대 배우자도 힘들어 봐야 한다고 생각하는지.

질문 2. 현재 당신은 배우자에 대해 어떤 감정을 느끼고 있습니까?

이혼 사실을 받아들이기 힘들거나, 감정표현이 쉽지 않다면 당신에게 상처를 입힌 배우자에 대한 분노가 강할 수 있다. 특히 배우자의 외도, 알코올 문제, 경제문제 등 이혼의 귀책사유가 상대 배우자의 책임이라 여길 때 더욱 그렇다. 만약 당신에게 배우자에 대한 분노 등이 남아 있다면 어느 정도 감정 정리를 한 후 이혼을 진행하는 것이 좋다. 그렇지 않으면 이혼 과정은 긴장과 비난, 갈등의 연속일 것이다.

질문 3. 당신이 이혼하려는 이유는 무엇입니까?

부부의 성격 차이, 가족 간의 불화, 경제문제, 건강 문제 등. 이혼을 결심하게 된 실제적인 갈등이 무엇인지 스스로 생각해보자. 배우자에게 사랑과 지지를 얻고자 하는 기본적인 애착 욕구에 상처를 입었는지. 당신이 아무리 노력해도 배우자가 인정하지 않고, 무시하고, 자존심 상하는 말만 해서 더는 견뎌낼 힘이 없어졌는지.

질문 4. 당신이 지금까지 이혼을 망설였던 이유는 무엇입니까?
그 고민은 해결되었습니까?

친척, 친구, 직장 동료, 주변 사람 등이 당신을 인생에서 실패한 사람으로 생각할 것 같아서. 자녀들이 아직 어려서. 자녀들에게 부모 이혼이라는 경험은 주고 싶지 않아서. 경제

적으로 독립하기에 아직 준비가 덜 되어서. 당신이 결혼 생
활을 유지하기 위해 노력했던 점과 갈등을 겪으면서 해결
을 위해 어떤 일을 했는지 생각해보자.

질문 5. 당신은 이혼의 결과와 이후의 변화를 감당할 수 있습니까?

미래에 대한 막연한 두려움이 있는 건 아닌지. 불확실함에
대한 불안으로 머리만 복잡하고, 당신이 할 수 있는 일이 거
의 없다고 생각하는 것은 아닌지. 이혼으로 생길 수 있는 변
화들에 대한 목록을 만들어 보자. 자신의 신체, 정서, 경제적
인 면, 자녀와 관련된 일 등. 변화가 예상되는 항목별로 당신
이 대처할 수 있는 일과 도움이 필요한 일들을 구분해보는
것도 좋다. 도움을 받는다면 누가 어떻게 도와주면 좋을지
도 생각해본다. 가족이나 친척, 공공기관, 사회적 제도 등이
있는지도 구체적으로 따져보자.

질문 6. 이혼 이후 자신의 삶을 책임감 있게 살아갈 수 있습니까?

시간이 흐르고 나이가 든다고, 고통을 경험했다고, 저절로
성숙되지는 않는다. 이혼 결심과 관련하여 사전에 차분히
생각해보고, 기록하면서 자신이 원하는 바를 명확하게 알아
차리는 시간이 중요하다. 이혼 결심과 관련하여 구체적인
생각, 감정, 행동이 어떻게 이루어졌는지를 확인하고 건강
한 이혼을 시작하자.

다음 질문에 스스로 답해보며 이혼에 대한 준비가 어느 정도인지 점검해보자.

질문 1. 당신은 정말 이혼을 원합니까?

　　　　혹시 상대 배우자를 위협하는 것은 아닙니까?

질문 2. 현재 당신은 배우자에 대해 어떤 감정을 느끼고 있습니까?

질문 3. 당신이 이혼하려는 이유는 무엇입니까?

질문 4. 당신이 지금까지 이혼을 망설였던 이유는 무엇입니까?

　　　　그 고민은 해결되었습니까?

질문 5. 당신은 이혼의 결과와 이후의 변화를 감당할 수 있습니까?

질문 6. 이혼 이후 당신은 자신의 삶을 성숙하고 책임감 있게 살아갈

　　　　수 있습니까?

이혼 전 여성/남성의 심리

이혼을 결심한 부부는 대부분 오래전부터 이혼을 생각해왔을 것이다. 갈등 초기에는 내가 이렇게 하면 조금씩 나아지리라 생각하고, 남들도 이렇게 살 것이라 위안하며 갈등 해소를 위해 노력한다. '그래 처음부터 잘 맞는 부부가 어디 있겠어?, 결혼했으니 서로 맞추어가며 사는 거지'라는 말을 위안 삼아 여성(아내)과 남성(남편)은 애쓴다.

시간이 흘러 부부갈등이 해결되지 않으면 당장이라도 이혼하고 싶지만, 자녀의 얼굴이 떠오르면서 몇 번이고 '이혼'이라는 단어를 삼킨다. 만약 이혼하게 된다면, 경제적 상황이나 주변 시선이 어떨까 생각하며 한 번 더 참는다. 하지만 갈등 해결을 위한 수많은 시도와 인내 속에서도 좌절한다면, 결혼 생활에서 희망 찾기는 어렵다고 여기게 된다. 결국, 복잡하고 불안한 마음속에 이혼을 결심한다.

이혼하기 전에 여성(아내)과 남성(남편)에게 어떤 마음이 생기는지 짚어보며 나 자신의 마음과 배우자의 마음도 헤아려보자. 이때 이혼 전에 전문가의 도움을 받는 것도 고려해보자. 전문가의 도움을 통해 이혼을 진행할 때 감정적으로 힘든 부분을 나눌 수 있고, 배우자에 대한 분노 등의 감정이 조절될 수도 있다. 또 개인적으로 이혼 후 적응력이 향상되기도 한다.

이제, 이혼 전 나와 배우자의 심리를 생각해보고, 이혼으로 인한 복잡한 감정을 헤아려보자.

이혼 전 여성의 심리

1) 지쳤다. 다 그만두고 싶다

이혼 직전 부부갈등은 극에 달한다고 볼 수 있다. 2017년 통계청이 발표한 혼인·이혼 통계 자료에 따르면, 이혼 사유로 성격 차이가 43.1%로 가장 높은데 이때 성격 차이라는 것이 많은 의미를 내포한다. 자신과 배우자에 대한 이해 부족, 부부의 성격이나 환경에 대한 낮은 수용, 우리 사회의 특성이라고 볼 수 있는 친인척 갈등 등도 성격 차이에 포함한다. 이 같은 부부 갈등문제 해결책으로 '이혼'을 선택하는 건 아닌지 냉정하게 생각해보자.

2) 상대방을 이해할 수 없다

도대체 무슨 생각으로 사는지 모르겠다. 아이들한테 돈을 많이 쓰는 것도 아닌데 경제 상황에 대해 말도 하지 않고 무조건 돈을 아끼라고 한다. 상대방은 그 돈을 어디다 쓰는지 이해가 안 된다. 나 혼자 육아를 도맡고 상대방은 돈 벌어 온다고 아이는 잘 보지도 않고 자기 몸만 챙긴다. 상대방은 결코 내 편이 아니다.

부부 사이 갈등이 해결되지 않고 반복되면서 감정이 쌓이게 된다. 또 부부관계는 시기에 따라 중요도가 조금씩 다를 수 있지만,

대체로 육아, 가사, 경제적 문제 등이 얽혀있다. 부부 각자가 다양한 역할을 감당해야 하는 스트레스도 가중 된다. 이때 서로 의사소통 방식이 다르고, 갈등 해결방식도 달라 갈등이 더해지면 도저히 상대를 이해할 수 없는 지경에 이른다. 부부간의 대화는 서로를 비난하거나 원망, 모욕적인 말로 가득해진다. 급기야 심각한 감정싸움으로 번져 부부간의 의미 있는 대화는 끊기게 된다. 부부는 서로를 향해 가지고 있던 기대가 산산이 부서지는 경험을 하게 된다.

3) 아이에게 미안하다

이혼하면 혹시나 아이가 놀림을 받지 않을까. 이혼하면 아이가 두 집을 오가야 하는데 안정적으로 성장할 수 있을까. 경제력이 약해서 양육권을 빼앗기지 않을까. 아이가 균형 있게 성장해야 하는데 아버지를 잘 못 보게 되어도 문제없이 잘 클 수 있을까.

어머니라면 누구나 아이들이 응석을 부려도 잘 받아주는, 현명하고, 지혜로운 어머니가 되고 싶어 할 것이다. 현실은 마음처럼 쉽지 않다. 어머니가 힘들어서 아이에게 자주 짜증을 내거나 화를 낼 수도 있다.

4) 예전으로 되돌아갈 수 없다

모든 정이 다 떨어졌다. 양가 부모님도 안 좋은 모습을 다 본 상태라서 돌이킬 수 없다. 함께 산다는 것에 의미가 없다. 천성은 변하지 않는다.

부부 문제를 부부 사이에서 직접 해결하지 못하고 누적되면 부부가 함께하는 시간이 자연스럽게 줄어든다. 부부가 함께 있어도 혼자 있는 것처럼 느껴진다. 점점 부부 외 다른 관계나 활동에 몰입하기도 한다. 이러한 과정에서 불평과 불만이 또 쌓인다. 부부는 배우자의 성향과 천성은 변하지 않으며 고칠 수 없다고 믿는다. 또 누적되는 갈등 속에서 공격적이거나 폭력적인 다툼까지 발생하면 관계 회복의 의지는 완전히 상실된다.

이혼 전 남성의 심리

한국가정법률상담소에서 진행한 이혼 위기상담과 관련한 최근 현황(2023년)에 따르면, 여성은 3,475명(75.3%), 남성은 1,141명(24.7%)이 상담을 받았다. 이 수치는 여성 이용자가 남성대비 3배 이상 많음을 보여준다. 성별에 따라 이혼을 고려한 주된 사유를 살펴보면, 여성은 남편의 부당대우(언어, 신체적 폭력 포함), 기타 사유(장기별거, 성격 차이, 생활 무능력 등)이고, 남성은 기타 사유(장기별거, 성격 차이, 생활 무능력 등), 아내의 가출 순이다. 또 상담 요청 시기를 살펴보면, 여성은 이혼 결정 과정에서 상담을 이용하는 반면, 남성은 여성의 이혼 요구 후 상담을 이용하는 비율이 높았다.

남성의 경우, 가정의 어려움이나 부부갈등을 다른 사람에게 이야기한다는 자체를 수치스럽게 여기는 경우가 많다. 또 부부갈등 경험과 이혼 결정 과정에 관한 연구를 한 김민녀(2018)에 따르면, 남성(남편)은 자신의 의사소통양상을 객관적으로 인지하는데 다소 방어적인 태도를 보일 수 있거나 객관적으로 인지하기 어려울 수 있다고 한다. 그렇다 보니 부부갈등 해결방식이 대체로 임시방편적이거나 상대를 무시, 비난하는 모습이 된다. 부부갈등이 표면화되는 것을 회피하거나, 해결 방법이 없다고 여겨 갈등을 무시, 묵인하기도 한다. 또 부부간의 감정싸움이 싫어 대화를 피하고 다른 관계나 활동(개인 취미 활동)에 몰두한다. 이런 시간 속에서 부부갈등은 누적되고 악화하여 일상의 사소한 일에도 감정 폭발을 일으키기도 한다.

이혼을 고민할 때도 전문적인 기관에서 상담을 받기보다, 혼자 생각하거나 주변에 있는 지인들(이혼을 경험한 사람, 친한 친구)에게 도움을 청하는 정도에 머문다. 물론 이혼을 요구하는 사람이 누구인가, 이혼 귀책사유가 누구에게 있다고 생각하는가 등 상황에 따라 변호사의 도움을 받을 수도 있다. 하지만 현실에서 이혼은 법적으로 '혼인 관계를 인위적으로 소멸시키는' 하나의 사건이라기보다, 결혼 생활 동안 켜켜이 쌓인 부부갈등이 화석처럼 굳어져 돌이키기 어려워 부부관계에 절망한 결과다. 이혼은 배우자에 대한 증오나 힘든 상황의 도피처가 되면 안 된다. 이혼을 결정하는 과정은 지금보다 더 나은 삶을 위한 또 다른 선택의 시간이어야 한다.

1) 나도 지쳤다

가장, 남편, 아버지로서 행복한 가정을 이루기 위해 경제적인 기반을 갖추고자 하니 경제 활동에 압박감이 크다. 퇴근 후 육아나 가사분담에 대한 요구가 늘어나고, 그런 일로 아내와 자주 다투니 지친다. 가정에서 나에 대한 배려는 없다. 몸과 마음이 지쳐 사소한 일에 쌓인 감정이 폭발한다.

대부분 부부갈등은 새롭게 발생하는 문제가 아닌, 결혼 생활 중에 나타나는 같은 문제가 미해결된 채 반복되고 변주되어 나타난다.

2) 상대방을 이해할 수 없다

행복하고 단란한 가정을 꾸리길 원했지만, 배우자는 아이에게만 몰입하고 나에게는 관심이 없다. 배우자는 나의 부모(또는 형제)와 갈등이 심해 중간에서 중재하기 힘들었고, 이제는 부모(또는 형제)와 거의 안 보고 산다.

이런 마음들은 배우자에 대한 높은 원망과 실망감에서 나온다. 부부간의 대화는 빈곤하고, 서로를 강하게 비난한다. 심지어 결혼 전 배우자를 선택하는 과정에서 느꼈던 좋은 점들의 가치가 결혼 생활에서는 감소한다. 또 부부는 살아가면서 양립 불가능한 불일치점들을 발견하고, 그것이 해결되지 못하는 경우 갈등의 악화와 더불어 서로를 이해하기 어렵게 된다.

3) 나에게, 아이에게 관심조차 없다

부부는 각자의 어려움을 호소하는데 서로에게 받아들여지지 않으면 점점 친밀감을 상실한다. 부부애가 사라지고 심각한 감정적 다툼으로 이어지기도 한다. 심각한 갈등이 반복되거나 장기간 이어지면 의도적으로 각방을 쓰고, 부부의 성관계가 단절되기도 한다. 혹여 아내가 남편에게 관심을 두지 않고 남남처럼 대하거나, 자녀를 돌보는 일조차 소홀히 하는 것으로 느껴지면 남성(남편)은 이혼 결심을 굳히게 된다.

4) 무의미한 삶에서 벗어나 새로운 삶을 살고 싶다

남성(남편)은 부부갈등의 반복 속에서 악화를 확신하고 변화 가능성이 없다고 느끼면 배우자로서 양육자로서 존재의미를 상실한다. 이때 아내가 지속적으로 이혼을 요구한다면, 남성(남편)은 이제껏 애쓰며 살아온 시간이 의미 없다고 느끼고 허무함을 경험한다. 이혼을 통해 새로운 삶을 시작하고 싶은 생각이 든다.

이혼을 적극적으로 고민하는 여성/남성의 심리를 살펴보면, 자녀에 대한 애정, 양육에 대한 고민, 홀로서기의 어려움 등에서 비슷한 점이 많다. 부부가 함께라서 좋았던 시간, '우리 가족'을 위해 각자 애써온 시간도 분명히 있다. 하지만 결혼 생활이 부부 서로에게, 자녀에게 불행을 준다면, 부부는 각자의 삶에 대하여 합리적으로 고려해 볼 수 있다.

여기 담긴 내용은 심화된 부모교육, 면접교섭, 협의이혼 전 의무면담 등 여러 현장에서 만난 사람들의 이야기를 재구성, 또는 각색하여 엮은 것이다(자녀 이름은 가명으로 처리). 배우자와 자녀, 그리고 나 자신을 두고 '이혼'이라는 단어를 떠올리며 복잡한 마음에, 북받치는 감정에 힘든 시간을 보낸다면 여러분의 마음을 차근차근 정리해보면 좋겠다. 물론 가정에서 폭력이나 학대가 일어난 경우는 예외다.

그녀는 화가 난다

아내 처음 그 사람을 만났을 때나 결혼 초에는 그렇지 않았는데, 살면서 나와 아이에게 점점 무관심해졌다. 물론 배우자가 성실하게 일한 것은 맞다. 하지만 집에서는 휴대폰만 만지고, 아이와 놀지도 않고, 꼼짝하지 않는다. 그래도 외벌이 하는 동안 배우자를 이해하려고 노력했고, 나중에는 나아지겠지 생각하며 참았다. 하지만 착각이었다. 시간이 흘러 맞벌이를 하면서 경제 상황이 나아졌지만, 아이와 나에게 관심이 없고, 경제적으로도 계속 인색하게 굴어 돈 쓸 일이 생기면 배우자 눈치를 보게 된다. 나는 맞벌이와 육아에 몸도 마음도 지쳤는데, 배우자는 끝까지 돈과 자기 자신만 생각한다. 그래서 점점 포기하고 싶은 마음이 생기고 화만 난다.

지금 아내는 화가 난다. 남편과 일상을 나누는 시간이 없고, '돈' 이야기 꺼내면 싸우게 되니 남편의 기분을 살피느라 마음이 복잡하다. 자신이 초라하고 비참하게 여겨진다. 그러다 보면 아내는 부부관계뿐 아니라 회사, 육아, 친구 관계에도 영향을 받는다.

아내의 성향이나 상황에 따라, 남편 외의 관계에서는 아무 일 없다는 듯이 밝게 행동하기도 한다. 친구들과 만나 유쾌한 수다를 즐기거나 회사에서 씩씩하게 일한다. 주변 지인들에게도 별 내색 없이 지낸다. 집에 돌아와 아이들에게도 최선을 다하려고 노력한다. 심지어 SNS 속에서도 행복한 모습을 보이고자 애쓴다. 현실에서 남편과의 관계에서 오는 힘듦을 감추거나 잊으려고, 부부 싸움을 피하기 위해 등등. 2배, 3배의 에너지를 쓴다. 하지만 이런 시간이 쌓이면 아내는 지치고 우울해진다.

반대로 친구나 주변 지인들에게 짜증을 내거나 화를 자주 내는 사람도 있다. 일할 때도 아이들을 돌볼 때도 남편에 대한 원망과 화로 인해 불안정한 모습을 보인다. 그러고 나면 자신의 모습이 마음에 들지 않아 후회하고 자책한다. 이런 일상이 반복되면 주변의 모든 관계가 엉망이 된 것 같고, 그 원인은 고스란히 남편인 듯하다.

나의 화를 입체적으로 들여다보자

감정은 고정되지 않고 움직이는 에너지라고 한다. 만약 누군가에게 또는 어떤 상황에 '화'가 났다면 꾹 참는다고 그냥 사라지는 것이 아니다. 그 화를 엉뚱한 사람에게 표출할 수 있다. 심리적으로 안전한 공간이나 자신보다 약한 사람에게 말이다. 감정이 생기면 적절한 방법으로 표현하는 것이 좋다. 하지만 현실에서 감정을 솔직하게 표현하는 일은 불이익을 받을 수 있다고 생각하여 감정을 숨기거나 그냥 무시하기 일쑤다. 어쩔 수 없이 현실적인 목적을 위해서 말이다. 특히 부부 사이에는 함께해 온 시간만큼 많은 감정이 덧칠해져 서로에게 무감각해지거나 오해가 짙어질 수 있다.

아내의 경우, 화가 난다고 하는데 그 이면을 보면 좌절감, 무시당한 느낌, 열등감, 수치심 등 다양한 감정이 얽혀있을 수 있다. 나의 '화'를 자세히 들여다보고 얽힌 감정의 실타래를 풀어볼 필요가 있다. 또 감정은 말로만 표현하는 것이 아니다. 표정, 눈빛, 몸짓, 말투 등으로도 표현된다.

감정의 실타래를 풀 때, 우선 남편의 어떤 행동이나 말에 화가 치미는지 짚어보자. 다음으로 그 행동이나 말과 관련된 경험을 떠올려보자. 언제부터, 어떤 일을 겪고 난 후부터 화가 났는지, '화' 이면에 나의 어떤 감정이 스며들어 있었는지 생각해보자. 나의 '화'를 입체적으로 바라보도록 해보자.

내가 화내는/표현하는 방식이
상대방에게 또 다른 부정적 반응을 일으키는 것은 아닐까

나는 화가 나면 어떻게 되는지, 슬픈 마음이 생기면 상대방에게 어떻게 반응하는지 살펴보자. 몇 날 며칠 무표정하게 말없이 지내는지, 물을 마시고 난 뒤 물컵을 세게 놓으며 불편한 마음을 은밀하게 표현하지는 않는지. 아니면 앞뒤 가리지 않고 큰소리치며 맹렬하게 화를 내는지, 마음에 꾹꾹 눌러 꽉 차올라도 어쩌지 못하고 그저 몸으로만 감당해내고 있지는 않는지.

나의 이런 표현으로 인해 상대방은 또 다른 부정적인 반응을 보일 수 있다. 서로 좋지 않은 감정이 흐르는 상태여서 매번 보이는 또는 사소하고 차가운 표현방식은 상대방에게 부정적인 행동을 불러일으킨다. 그러면 나 역시 상대방의 행동에 실망하고, 마침내 상대방을 향해 끝까지 붙들고 싶었던 작은 기대마저 접게 된다. 서로를 향해 있던 감각들이 완전히 소멸할 때까지 상처가 덧나게 되는 것이다.

나의 화에게, 나의 슬픔에게 이름을 붙여주며 말을 걸어보자. 어떤 일로 화가 났고, 결정적으로 화가 풀리지 않는 이유는 무엇이며, 그 화는 어떻게 하면 녹아내리게 할 수 있는지 글로 한번 써 보자. 써지는 만큼, 써지는 대로 쓰면 된다. 처음에는 한두 줄, 아니 한 단어라도 써보자. 괜찮다. 이미 시작한 것이다. 쓴 글(단어)을 소리내어 읽어보고, 그때 내 안에 생기는 느낌에도 집중해보자.

대화에도 타이밍이 존재한다

한 부분은 전체의 맥락에서 바라봐야 이해될 수 있다. 부부 사이의 이야기는 특히 더 그렇다. 부부 사이에 켜켜이 쌓인 감정의 역사는 복잡하다. 아무리 부부라도, 나와 상대방의 현실은 이란성 쌍둥이처럼 같지 않을 수 있다. 그런데 우리는 오해한다. 부부니까, 가족이니까 당연히 서로 잘 알고, 같은 현실 속에 살고 있다고 생각하는 것이다. 그렇지 않다.

어떤 남편은 아내와 대화가 더 필요하다고 여기고 자꾸 대화하자고 한다. 하지만 아내는 그 남편이 대화하자는 말을 하면, 머릿속에 '내 말대로 해야지. 내 말이 맞단 말이야'라고 윽박지르는 장면이 먼저 떠오른단다. 그래서 아내는 남편과의 대화를 피한다. 그 대화를 시작하면 결국 남편의 뜻대로 해야 끝이 나니까. 이때 남편의 대화와 아내의 대화는 전혀 다른 의미다.

어쩌면 서로가 대화하고 싶은 시점이 다를 수 있다. 부부 사이에 뭔가 문제가 있고 자꾸 얽혀가는 것을 느낄 때, 전문가의 도움을 받고자 하는 시기도 다를 수 있다. 아내가 힘들어서 상담이라도 받아보자 했을 때, 남편은 '당신만 잘 하면 되는데 뭐가 문제야' 할 수도 있다. 남편이 더는 못 참겠다 상담이라도 받아보자 했을 때, 아내는 '이제 와서 뭐하러. 왜. 뭐가 더 달라진다고' 할 수도 있다.

잊지 말자. 인생에도, 사랑에도, 대화에도 분명 타이밍이 존재한다. 나와 상대방의 타이밍이 어떤 상태인지 점검해 보자. 나와 상대방이 서로 많이 지치지 않은 상태에서 대화를 해보자. 대화가 잘 풀리지 않는다면 전문가의 도움을 받아보자. 적절한 때에 누군가에게 도움을 요청할 줄 아는 것은 중요한 삶의 기술이다.

지쳤다. 이제 더는 못하겠다 (시댁, 처가댁)

남편 내가 어렸을 때부터 부모님 사이가 그리 좋은 편은 아니었다. 나는 다른 지역에 있는 대학을 다니게 되어 집에서 나와 지냈다. 나와 부모님 사이는 특별히 좋지도 나쁘지도 않았다. 그러나 결혼하고 난 후, 아내는 내 부모님에 대해 불평 불만을 자주 했다. 제사, 명절 때 집안 분위기, 아들만 있고 며느리는 안중에도 없다는 등. 사사건건 친정과 비교하며 못마땅해했다. 그때마다 나는 긴장되고 힘들었다. 그렇게 친가를 갔다 오는 날은 늘 부부 싸움을 했다. 결국, 몇 해 전부터 아내는 친가에 가지 않는다. 며칠 전, 아내는 어머니와 통화 후, 소리를 지르며 화를 냈다. 아이 앞에서 할머니 험담까지 했다. 아내는 나에게도 중간역할을 확실하게 못 한다고 화를 내며 비난을 퍼부었다. 도저히 더는 견디기 힘들다.

남편은 아내가 친가에 대해 하는 모욕적인 말에 상처를 많이 받았다. 어쩌면 남편은 아내에게 온갖 정이 다 떨어지고, 비참하고, 정말 내 부모가 그렇게 최악인지 혼란스럽다. 물론 남편도 부모님과의 사이가 그렇게 좋은 편이 아니다. 그렇다고 결혼 후 갑자기 효자 흉내를 내거나, 아내더러 효도하라고 강요도 않는다. 그런데 과연 무엇이 문제일까.

아내와 어머니 사이의 갈등을 바라볼 때, 남편은 어떤 마음이 드는지를 탐색해 볼 필요가 있다. 만약 남편이 어린 시절 '가부장 적'인 집안 분위기 속에서 지냈다면 갈등이 발생했을 때, 어린 시절 그랬던 것처럼 아무것도 할 수 없다고 생각하고, 아무런 말도 못 하고 자리를 피해 버릴 수 있다. 아니면 남편은 권위적인 아버지 옆에서 아무 말 못 하고 온전히 아버지에게 맞춰야만 했떤 어머니의 모습을 떠올리며, 이제는 무작정 어머니 편을 들 수도 있다. 이때 아내는 어떤 마음일까. 남편에게 버림받는 느낌이 들고 억울하고 답답하다.

남편은 어머니와 아내가 갈등하는 모습이 불안하고 견디기가 어렵다. 남편은 생각한다. 그냥 당신이 좀 참으면 안 돼. 우리 어머니가 그럴 리가 없어. 남들도 다 하는데 당신은 뭐 그렇게 별나게 구는 거야. 실제 부부가 싸울 때 이런 말을 해서 아내에게 상처를 주기도 한다. 그렇다. 남편은 친가의 문화나 가족에 대해 이상하다고 생각하는 아내에게 서운할 수 있다. 아내가 화를 내며 추궁하고 따지면 남편은 점점 대화하고 싶지 않게 된다. 남편은 말을 하면 더 심하게 다툴 것 같아서 피한다. 아니면 아내를 무시하거나, 아내에게 고함치고 심한 말로 상처를 주어서 힘든 시간을 끝내고 싶을 수도 있다.

다른 사람의 경험도 수용하고 책임감 있게 반응하자

무엇보다 남편은 '나는 결혼하면 자상한 남편과 아버지가 꼭 될 거야. 아내와 아이들에게 엄하기만 한 아버지처럼은 되지 않을 거야' 다짐하고 결혼했을 수 있다. 하지만 현실은 쉽지 않다. 남편은 자신과 다른 환경에서 살아온 아내가 하는 말보다, 어쩌면 비교하거나 비난하는 아내의 '태도'에 마음이 상했을 수 있다. 다시 말해, 중요한 것은 부부 사이의(있었던 일에 대한) 단순한 내용이나 사실이 아니라 그 일을 처리하는 방식이다. 남편은 아내의 행동이 자신을 포함해 원가족 모두를 무시한다고 여길 수 있다는 말이다. 또 남편은 자신의 아버지를 반면교사 삼아 자상한 남편이 되고자 노력하는 것이 더는 의미 없다고 생각할 수도 있다.

명심하자. 건강한 관계는 자기 자신뿐만 아니라, 다른 사람의 경험도 수용하고 책임감 있게 반응하려는 태도에서 만들어진다. 남편은 어머니와 아내가 갈등할 때 자신이 어떤 태도를 보이는지 깊이 생각해보자. 혹시라도 어린 시절의 행동을 반복하고 있지는 않은지. 아내는 아무런 말도 안 하는 남편에게 도움을 요청하는데(표면적으로는 비난과 화내는 행동을 하면서), 남편은 비난받는 느낌이 들어 그 자리를 피하지는 않았는지.

자기 객관화를 시도해보자

남편은 '나에게 아내는 어떤 사람인지, 나는 어머니와 갈등하는 아내를 어떻게 대하는지' 등 갈등과 관련된 생각, 감정, 행동에 대해 어느 정도 거리를 두고 자기 객관화를 시도해보자.

물론 아무리 노력해도 도저히 수용할 수 없는 상황도 있다. 종교 문제, 원가족(결혼 전 원래 가족)과의 문제, 중독 관련 문제 등. 또 부부가 부부관계에서 서로의 욕구가 극적으로 다른 경우도 그렇다. 노력이 무력하게 느껴지는 경우, 문제 원인이 하나 이상 복합적으로 얽혀있거나, 문제의 뿌리가 깊은 경우가 대부분이다. 이런 경우 전문가의 도움을 받아 다른 관점에서 부부관계에 대한 이해와 원인 탐색이 필요하다. 혼자(상대가 모르는 상황에), 부부 각자가 '다짐하고, 노력하고, 좌절하고, 실망하고'를 반복하면 어느새 부부는 어떤 노력을 해도 소용없다고 느끼게 된다.

'사람은 변하지 않는다', '사람은 고쳐 쓰는 게 아니다' 등을 되새기며 다른 시도를 할 힘조차 내지 못 하게 된다. 부부는 힘든 상황에서 벗어나고 싶지만, 점점 깊게 빠져들기도 한다. 그렇게 서로에게 체념하며 더는 기대하지 않고 이혼을 결심하는 것이다.

남편과 아내의 중간역할
전혀 다른 환경에서 자란 남녀가 결혼하여 한 가정을 이루고 살아가는데 부부관계 이외에 배우자의 원가족과의 관계도 중요하다. 대표적인 관계의 어려움으로 시집살이, 즉 고부갈등이 있다. 물론 시대가 변하면서 시집살이는 예전보다 줄었다고 할 수 있다. 하지만 여전히 시댁 어른과 며느리 사이에 어려움을 호소하는 경우가 많다. 또 고부갈등보다 치명적이라는 장서갈등(장인 장모와 사위 간의 갈등)도 만만치 않다.

남편과 아내는 배우자의 원가족과의 관계에서 발생하는 갈등에 어떻게 대처하는가. 부모와 배우자 사이에서 갈등 중재를 잘 하기는 쉽지 않지만, 남편과 아내는 객관적으로 상황을 판단하고 갈등을 조율하는 것이 중요하다. 이때 무엇보다 중요한 것은 남편과 아내가 원가족으로부터의 심리적 독립이 어느 정도 이루어졌는가이다. 물론 양가 부모님도 며느리, 사위와의 갈등을 줄이려면 심리적 독립을 위해 노력해야 한다.

나는 이러고 싶지 않다 (외도)

아내 남편은 결혼 초부터 친구들과 어울리는 것을 좋아했다. 하지만 결혼 초에는 경제적으로 넉넉지 않아 부부가 함께 열심히 일하고, 아끼며 살았다. 결혼한 지 10년 되던 해부터 남편의 사업이 번창했다. 남편은 경제적, 시간적 여유가 생기면서 등산, 골프 등의 취미 생활을 즐겼다. 그러면서 가족들에게는 계속 돈을 아껴 쓰라고 압박했다. 생활비를 주고 끊임없이 생색냈다. 그런데 몇 년 전부터 사전에 아무 말도 없이 외박(골프 여행 등)이 잦아지더니, 결국 외도를 했다. 남편은 사실을 인정하고 내연관계를 정리하겠다고 했다. 잘못했다며 용서도 빌었다. 나는 용서하기로 했다. 하지만 나는 남편을 못 믿겠다. 남편은 집에 일찍 들어오고, 가끔 집안일도 하지만, 몸만 그러고 있고 마음은 밖에 있는 것 같다. 그냥 형식적이라 느껴진다. 모든 행동이 건성인 것 같아 사실 용서가 안 된다. 남편의 행동이 의심될 때가 많다. 어떤 때는 불현듯 의심(내가 생각해도 의심할 일이 아닌데)이 생겨 내 마음이 걷잡을 수 없을 때도 있다. 이렇게 변해버린 내가 나도 마음에 안 든다.

아내는 혼란스럽고 힘들다. 남편이 외도 사실을 인정하고, 용서를 구하니 아내는 여러 가지(자녀, 남편에 대한 사랑, 경제적 상황 등)를

고려해 가정을 유지하려고 마음먹었다. 남편이 정말 미안하다니 아내는 가정을 유지하려고 결심한 건데, 예전처럼 사는 것이 잘 안된다. 아내는 결혼 생활 동안 인내하며 열심히 살아온 시간이 억울했다. 그래서 남편에게 휘몰아치는 폭풍우처럼, 거대한 파도처럼, 화를 퍼부었을 것이다. 그런 시간이 지나고 지금은 아내도, 남편도 견디고 있다. 가정을 깨지 않고 결혼 생활을 유지하고 싶은 마음에서다.

아내는 자신이 망가지는 것 같다. 잘못은 남편이 했는데, 남편은 이제 가정적인 사람이 되고자 하고, 아무 일 없는 듯 일상을 산다(적어도 아내 눈에는 그렇게 보인다). 아내는 그런 남편의 모든 행동이 의심스럽다. 끊임없이 의심하고 의심하는 자신이 초라하게 느껴진다. 아내는 이렇게 해서라도 가정을 지켜야 하는지 혼란스럽다. 믿음과 사랑이 깨어졌는데 서로 애쓴다고 회복이 될 수 있는지도 불안하다.

남편과 쿨하게 지내고 싶은데 그게 안 되고, 더 자주 그리고 더 깊이 의심하게 되어 아내 자신도 당혹스러운 듯하다. 그럴 수 있다. 괜찮다. 아내는 자신을 너무 채찍질하지 않으면 좋겠다. 누구라도 남편과 아내의 외도를 경험한 후, 어느 정도 시간이 지났다고 마법처럼 예전으로 돌아갈 수는 없다. 두 사람이 잘 지내보자고 다짐하고, 다짐해도 말이다. 아내는 함께 고생한 가족들과 다시 행복하게 살고 싶고, 남편에 대한 신뢰감을 회복하고 싶다. 하지만 현실은 어렵다.

아내는 부부 사이에 문제(남편의 외도 전부터 있었을 수 있는)를 탐색해 보자. 또 외도 후 생긴 부정적인 모습에 대해서도 깊이 생각해 보자. 남편이 잘못했으니 '내가 죽을 만큼 힘들었으니 당신도 나만큼 고생해봐야지'라는 마음으로 남편과 싸우면 외도 지속 여부와 상관없이 부부관계 회복은 점점 멀어진다.

아내와 남편(처음에는 잘못했다고 용서를 구하는)은 서로에게 지쳐서 가정을 유지하는 것이 오히려 모두가 불행해지는 일이라는 판단을 하기도 한다. 아내는 이렇게 생각한다. 변한 게 하나도 없구나. 그러면 그렇지 본색이 드러날 줄 알았다. 대충 잘 해주는 척하며 넘어가려고 하는구나.

반면 남편은 이런 마음이 든다. 해도 해도 너무한다. 노력하는 모습은 제대로 봐주지 않고 계속 비난하고 화만 낸다. 언제까지 이래야 하는지(수시로 외도 이야기를 꺼내는 것) 모르겠다. 처음부터 안 맞고, 안 되는 사이였구나.

무엇보다 이런 시간에 대한 깊은 탐색(아내는 아내대로, 남편은 남편대로)이 이루어지지 않으면 이혼을 하든, 함께 살든 아내와 남편의 문제는 어떤 형태로든 반복되거나, 이후 삶에 영향을 끼칠 수 있다. 각자의 행복을 위해서, 부부로서의 행복을 위해서 두 사람 사이에 드러난 문제를 짚어보자.

자녀가 생각하는 부모 이혼

부모는 이혼을 결심하기까지 많은 것을 고민한다. 특히 '자녀'와 관련한 일은 세상의 모든 부모가 그러하듯이 생각하고, 또 생각해서 결정할 것이다. 이혼하는 부모는 자녀의 양육 문제에 대해 충분히 협의해야 한다. 부모에 의한 협의가 여의치 않으면 법원이 정한다. 이때 법원은 친권자 또는 양육자 지정, 면접교섭, 성본 변경 등 자녀 양육에 관한 사항을 자녀에게 최선의 이익이 되는 방향을 찾아 정하게 된다.

그렇다면 부모나 법원이 내린 결정을 받아들이는 자녀는 어떤 마음일까? 부모 이혼은 분명 자녀에게 상처를 준다. 부모는 상처 없이 자녀를 키우고 싶은 마음이 크겠지만, 자녀가 상처 없이 자라는 것은 거의 불가능에 가깝다. 자녀는 성장하면서 크고 작은 상처를 경험한다. 뜻하지 않은 사고나 재난, 이별뿐만 아니라 좌절, 실패 등. 자녀가 아무런 상처 없이 자라는 것보다, 상처를 스스로 견디고 이겨내면서 자라는 것이 더 바람직한 모습일 수도 있다.

부모가 불가피하게 이혼을 선택한다면 자녀가 입을 수 있는 상처를 최소화하고 싶을 것이다. 그러기 위해서 우선 자녀가 부모 이혼 결정 소식을 들었을 때 어떤 마음이 생길 수 있는지 알아보고 대처하는 것이 필요하다. 물론 자녀의 반응은 연령, 성향, 평소 부모와의 관계에 따라 다양하게 나타날 수 있다. 차라리 부모가 이혼하는 것이 낫다고 생각할 수도 있다. 여기서는 자녀가 보일 수 있는 반응 중에서(적응에 있어) 부모 도움이 필요한 경우를 중심으로 살펴보자.

부모는 진솔하게 이야기하자

자녀(어느 정도 나이가 되었다면)는 현재 우리 가족의 상황과 앞으로 일어날 변화에 대해 알고 싶을 것이다. 부모는 자녀가 부모 이혼에 대해 잘 모르고 있다고 생각할 수 있지만, 이미 자녀는 이런저런 눈치를 보고 부모의 이혼을 감지하고 있을 수 있다. 부모가 헤어지거나 별거하는 이유를 자기 나름 이해하려고 애쓰고 있을 수도 있다. 부모 이혼을 자녀가 어떤 마음으로 어느 정도 받아들이는지 알아야 자녀의 적응에 도움을 줄 수 있다.(연령별로 자녀가 겪는 어려움이나 대처 방법에 대한 구체적인 내용은 Chapter3에서 다룬다)

만약 부모가 자녀에게 진솔하게 알려주지 않는다면, 자녀는 왜곡된 정보에 의존해 부모의 이혼과 앞으로 생길 변화를 짐작할 것이다. 이때 부모의 이혼에 대한 원인을 자녀 자신으로 돌려 인식하며 스스로 비난하기도 한다. 심지어 자녀는 자신이 태어나지 말았어야 할 존재라고 여기기도 한다. 부모 관점에서는 자녀의 이런 태도들이 '말도 안 되는 생각'이라 여겨질 수 있지만, 자녀는 애매한 시간이 흐를수록 자신의 걱정을 공고히 해 나간다. 부모는 자녀가 가진 걱정이나 감정을 확인하고, 진솔한 대화를 해야 한다. 자녀가 자책하고 불안해하지 않도록 돕는 것 부모 역할이다.

부모가 이혼한다고 해서 자녀에게 평생 회복하기 어려운 상처를 주는 것은 아니다. 중요한 것은 부모 이혼으로 받게 된 상실감과 슬픔을 부모와 함께 적응해가는 시간이다. 그런 시간 속에서 자녀는 부모의 이혼을 자신의 나이나 발달 수준, 사회적 성숙 정도에 따라 이해하고 수용해 나갈 수 있다.

영아기 말로 표현은 못 하지만 일상생활(양육자, 환경)의 급격한 변화는 불안해요

영아기 자녀를 가진 부모는 자녀가 부모의 이혼을 인지하기 어렵다고 생각해서 물리적인 돌봄만 잘 하면 괜찮을 것이라 여긴다. 그래서 이혼 전, 영아기 자녀를 마치 물건처럼 여겨 여기저기로 양육환경을 바꾸는 경우도 생긴다. 물론 영아기 자녀는 먹고 입고 자는 것을 양육자가 전적으로 해결해주니 당연히 물리적인 양육환경이 중요하다. 하지만 아무리 좋은 양육환경을 제공한다 해도 급격하게 변화하는 것은 자녀에게 도움이 되지 않는다.

영아기 자녀는 양육자와 정서적 교류를 통해 안정된 마음(애착)을 형성한다. 말로 표현하지는 못하지만, 부모(특히 주양육자)의 정서적 상태나 에너지 수준에 대해 변화를 느낄 수 있다. 그래서 양육자와 양육환경에 관한 일관성과 지속성이 중요하다. 부모 이혼으로 인해 양육자나 양육환경에 변화가 불가피하다면 최대한 천천히 일상생활에 변화를 주어야 한다.

유아기 내가 잘못해서 엄마, 아빠가 헤어지는 거야

유아기 또는 아동기 자녀는 부모가 이혼하거나 별거하는 것에 책임을 느끼기도 한다. '내가 말을 안 들어서 이런 일이 생긴 거야', '나 때문에 엄마, 아빠가 싸우는 거야' 등. 자녀는 스스로도 깨닫지 못하는, 뚜렷하지 않은 자책감을 가지고 있을 수도 있다. 하지만 부모는 안다. 결코, 자녀가 잘못해서가 아니라는 것을. 이미 여러 가지 일로 갈등하고 있거나, 서로에게 화가 쌓였을 것이다. 그런 사정을 잘 모르는 자녀 관점에서 부모의 싸움을 촉발하는 일이 주로 자신과 관련되니 그런 오해를 하는 것이다.

중요한 것은 자녀에게 이런 마음이 있는지 살펴보는 것이다. 자녀는 마음이 있어도 부모에게 직접 표현하기는 어렵다. 유아기 자녀라면 놀이를 통해서, 또는 단어라도 말하며 감정표현을 도울 수 있다. 아동기 자녀라면 편안한 분위기에서 자신의 감정을 표현할 수 있도록 하면 좋다. 자녀가 부모 이혼을 자신의 탓으로 돌리지 않게 분명하게, 반복해서 이야기해야 한다. 어린 자녀일수록 여러 번 설명해주어야 한다. 네 탓이 아니라고.

엄마, 아빠가 헤어졌으니까 언젠가 나도 찾지 않을 거야

엄마(아빠)가 나를 버리고 갔어. 이제 누가 나를 돌봐줄까, 지금 나를 돌봐주는 엄마(아빠)도 나를 두고 가는 건 아닐까. 자녀는 자신이 부모로부터 사랑을 받을 수 있을지 의구심이 생긴다. 부모 입장에서는 말도 안 되는 일이다. 하지만 자녀가 이해하는 부모 이혼에는 자신도 버림받거나 거부당할 것 같은 두려움과 불안이 함께 들어있다. 자녀가 이런 마음에서 벗어날 수 있도록 부모의 세심한 노력이 필요하다. 엄마와 아빠가 앞으로도 자녀를 지속적으로 돌볼 것이며 자녀가 필요로 하는 순간 함께 할 것이라는 것을 이야기해주어야 한다. 또 앞으로 일어날 변화에 대해서도 자녀가 안심할 수 있을 때까지 상세하게 설명해야 한다.

자녀는 함께 지내는 부모와 잘 떨어지지 않으려는 모습을 보일 수 있다. 함께 지내는 부모의 건강을 지나치게 걱정하거나, 쓰레기 버리러 가는 순간조차 떨어지지 않으려고도 한다. 불안해하는 자녀의 마음을 알아차렸다면, 자녀의 눈높이에 맞춰 불안감을 완화할 수 있도록 도와줘야 한다. 또 함께 지내지 않는 부모를 향해 분노나 공격성을 보일 수도 있다. '만나기 싫어'하며 고래고래 소리를 지르거나, 한쪽 부모 편을 들어 다른 쪽 부모는 잘못됐다고 말하기도 한다.

청소년기 어떻게 나한테 이럴 수 있어. 내 삶을 망치고 있잖아

청소년기 자녀의 경우, 부모 이혼이 자신의 정체성을 위협한다고 느낄 수 있다. 청소년기 자녀는 부모 이혼의 의미는 이해할 수 있으나, 앞으로 가족(자신)에게 생길 수 있는 변화를 현실로 받아들이기 힘들다. 특히 가족의 경제적인 면을 걱정하여 과도한 책임감을 느끼거나, 결혼이나 가족에 대한 신념이 흔들리게 되어 분노를 경험할 수 있다.

부모는 청소년기 자녀가 보이는 불평이나 분노를 마주하면 난감하다. 물론 부모의 마음을 너무 잘 이해하다 못해 한쪽 부모의 관점을 대변하는 듯한 모습도 마찬가지다. 자녀는 학업 스트레스나 정체성 문제로 힘든 청소년기를 보내고 있는데, 부모는 자신들의 이혼까지 겹쳐져 혼란을 가중시킨 것은 아닌지 걱정스럽다.

이때 부모는 자녀의 불평에 대해 편들거나 판단하지 말고 그저 담담하게 들어주자. 그리고 자녀에게 현재 상황과 당면한 어려움에 대해 정확하게 이야기하자. 정확하게 이야기한다는 것이 사실에 충실해 무조건 '있었던 일 모두'를 의미하지는 않는다. 부모가 서로 협의하여 청소년기 자녀에게 설명할 상황의 정도와 범위를 정하면 된다. 자녀가 한쪽 부모의 편을 들도록 유도하거나, 가족에 대해 책임져야 한다는 식의 부담감을 주는 일은 삼가야 한다. 만약 평소 자녀와의 관계가 원만하지 않다면, 더 많은 시간과 노력을 기울여 대화할 필요가 있다.

그 아이도 천천히 행복해지겠네

자녀 초등 3학년인 서우는 부모 이혼(초등 1학년 때) 이후 엄마와 함께 살고, 아빠와는 면접교섭이 잘 이루어지지 않았다. 이혼 직후 면접교섭 관련하여 아빠가 약속을 취소, 변경하는 과정에서 엄마와 다툼이 생겼다. 그 후 서우도 아빠를 만나고 싶지 않다고 해서 면접교섭은 단절됐다. 1년쯤 지난 후 어린이날에 아빠가 서우에게 선물을 전하자(집 앞에 선물을 두고 갔다), 서우는 아빠에게 고맙다는 문자(엄마의 휴대폰을 이용해서)를 보냈다. 엄마는 이 모습을 지켜보며 서우와 아빠가 다시 만났으면 하는 마음과 본인이 서우 아빠와 또다시 연락하는 것이 두려운 마음도 함께 들어 어떻게 해야 할지 고민했다. 이후 엄마가 서우에게 아빠를 다시 만나겠냐고 물어보니, 서우는 아빠를 만나고 싶지 않다고 한다. 서우는 차분한 성향의 아이로 학교생활, 친구 관계에 큰 문제 없이 잘 지내고 있다. 엄마는 어떻게 하는 것이 서우를 잘 키우는 것인지 헷갈린다.

먼저 서우 어머니의 마음에 대해 생각해보자. 이혼 후 각자의 길을 가는 두 사람(서우 엄마와 아빠)에게 결혼 관계의 구속과 갈등은 종결되었다. 하지만 부모 역할은 이어지고 있다. 각각의 부모는 자녀에게 여전히 중요한 사람이다. 부모의 성격이 어떻든 간에 낳아 준 부모만이 채울 수 있는 특별한 공간이 있다. 누구도 대신 채우기는 어렵다.

물론 현실에는 '낳아줬다고 모두 부모는 아니구나' 하는 생각이 드는 상황도 많다. 2021년 보건복지부가 발표한 아동학대 주요통계 자료에 따르면, 아동학대 가해자(행위자) 10명 중 7명이 친부모다. 지난 10여 년간 가해자 유형 중 친부모가 흔들림 없는 1위다. 이런 아동학대의 경우가 아니라면, 부모는 아이와 지속적으로 연락하고 만나야 한다.

아동학대는 아니지만, 엄마가 생각하기에 아빠에게 문제가 있어 보일 수 있다. 예를 들어 약속을 잘 안 지킨다거나 충동적인 성향 등. 아빠의 행동이나 모습이 자녀에게 부정적인 영향을 준다고 생각할 수 있다. 중요한 것은 아무리 부족한 사람이더라도 자녀에게는 아빠라는 점이다. 면접교섭을 하면 안 되는 이유가 누구라도 동의할 수 있는 것이 아니라면, 서우는 아빠를 만나는 것이 좋다. 그래야 서우가 불필요한 열등감이나 죄책감에 시달리지 않고자랄 수 있다.

서우 어머니는 부모교육을 통해서든, 서우의 모습을 통해서든, 서우에게 아빠가 필요하다고 느꼈다. 하지만 현실은 복잡미묘

하다. 서우 어머니는 지금의 평화를 깨고 싶지 않을 것이다. 서우는 학교 잘 다니고 있고, 서우 어머니도 겨우 안정을 찾았다. 서우 어머니는 아빠가 준 어린이날 선물을 보며 기뻐하는 서우 모습을 놓치지 않았다. 어쩌면 이제야 서우 모습을 제대로 본 것인지도 모른다. 이혼 과정이나 이혼 직후에는 어머니 본인이 힘들어 아빠를 향한 서우 마음을 놓쳤을 수 있다.

그런데 엄마가 고심 끝에 용기를 내어 서우에게 물어봤더니 서우는 아빠를 만나고 싶지 않다고 한다. 서우는 아빠를 만나는 일이 조심스러울 수 있다. 지금 평화로워 보이는 엄마의 모습을 떠올린다. 당장 본인도 부족한 것이 없는 듯하다. 가끔 아빠가 조금 생각나는 정도. 그렇다. 서우는 다시 부모(본인을 포함하여)를 갈등 속에 빠뜨리고 싶지 않다.

사실 아이는 자기를 사랑하던 부모가 어느 날 갑자기 떠나 자기에게 더는 연락하지 않거나 만나지 않는 것을 이해하기 어렵다. 아이의 관점에서 함께 살지 않는 부모와 연락이 끊기고, 오랫동안 얼굴도 못 본다는 것은 나를 버린 것이다. 그래서 아이는 혼자서 상황을 설명하는 이야기를 멋대로 만들어낸다. 아빠는 나를 사랑한다고 했지만, 결국 나를 버릴 수도 있어. 엄마도 지금은 같이 살고 있지만, 많이 힘들어지면 나를 버릴 수 있겠지. 아이는 이렇게 자신이 만든 이야기를 스스로 믿게 된다. 아이는 이런 불안과 두려

움에 힘들어한다. 이럴 때 도움이 되는 것은 함께 살지 않는 부모와
의 꾸준한 만남이다. 아이와의 만남이 행복할 수 있도록 최선을 다
하는 것이다.

자녀가 슬픔을 견뎌내는 시간에 부모가 함께해야 한다

서우 어머니는 무엇을 해야 하는지, 어떻게 해야 하는지 이미
알고 있다. 또 서우가 아빠를 만나지 않았으면 하는 마음에는 분명
이유가 있을 것이다. 하지만 서우를 생각해서 용기를 내어 보자. 먼
저 서우 어머니는 감정을 배제하고, 서우 아버지와 이야기할 필요
가 있다. 앞서 진행했던 면접교섭에서 갈등이 생긴 원인을 파악하
고, 새로운 방안을 만들어 면접교섭을 시작하자.

다음으로 서우에게 안심을 시켜주자. 엄마 생각을 담담하게
이야기하자. 서우가 엄마와 아빠 모두를 사랑하는 아이가 되었으
면 참 좋겠다고 말하자. 그런 다음, 엄마와 아빠가 면접교섭에 대해
이런 저런 의논을 했다, 아빠가 서우를 꼭 만나고 싶어 한다, 지난
번처럼 면접교섭에서 문제가 생기면 이렇게 해결하기로 했다 등도
차근차근 설명하자. 서우가 아빠와의 만남(면접교섭)에 대해 궁금하
거나 걱정하는 것이 있는지 이야기를 들어보자. 서우 어머니가 답
변을 할 수 있는 것은 하고, 그렇지 않은 사항은 아빠와 의논해서
이야기해주겠다고 하면 된다. 그리고 서우를 꼭 안아주자.

이런 상황도 있다. 아이가 함께 살지 않는 부모를 너무 만나기 싫어하는 경우다. 아이를 키우는 부모의 태도와 상관없이 부모와 함께 사는 동안 부모가 서로 힘들어하는 모습에 오랫동안 노출되었거나, 부모와 헤어질 때 강력한 인상(폭력을 동반한 부부 싸움 등)을 받은 경우다. 이 경우 함께 사는 부모와 살지 않는 부모 모두가 아무리 면접교섭을 원한다고 해도 아이가 원하지 않을 수 있다.

초등학교 4학년 지우의 경우다. 1년 전 부모가 이혼하고 엄마와 사는 지우는 집에 있을 때 성격이 밝고 장난도 많이 치는 아이다. 하지만 밖에서는 조용하고 조심성 많다. 지우는 아빠를 만나고 싶어 하지 않는다. 처음에 아빠는 엄마를 의심했다. 엄마가 못 만나게 하는 거다. 지우는 그럴 리가 없다. 엄마가 지우에게 도대체 어떤 말을 했길래 저러는지 답답해했다. 엄마가 지우에게 부탁해서 겨우 아빠와 지우가 만나게 되었다. 아빠는 지우에게 지우와 행복했던 추억, 아빠가 지우를 얼마나 사랑하는지 등 한참을 이야기했다. 지우는 조용히 눈물 흘리면서 들었다. 잠시 후 지우는 입술을 파르르 떨며 말했다. 아빠와 만나지 않겠다고. 단호하게 말했다. 지우 아빠도 눈물을 흘렸다.

지우에게는 시간이 필요하다. 이때의 시간은 그냥 가만히 놔두는 시간이 아니다. 인내심을 가지고 옆에, 함께 있어야 한다. 지우와 물리적으로 만나지는 못하지만, 지우가 받아들이는 선에서 거리를 두고 있어야 한다. 꾸준하게. 아빠가 여전히 지우를 사랑하고, 지우 마음이 편해질 동안 여기서 기다리겠다고 해야 한다. 지우의 얼어붙은 마음이 서서히 녹을 때까지 포기하지 말고 그 자리(지우가 현재 수용이 되는 자리)에서 지우를 사랑하는 마음을 전달하며 함께 슬픔을 견뎌야 한다.

부모가 자녀에게 슬픔을 줬다면, 자녀가 슬픔을 견뎌내는 시간에 함께 해야 한다. 혹시라도 자녀가 만나는 것을 힘들어하니, 차라리 안 보는 것이 낫다고 생각하면 안 된다. 부모의 이혼으로 받게 된 힘든 순간에 부모가 옆에 있어 준다면, 자녀는 상처와 슬픔을 잘 헤치고 나올 것이다. 자녀가 슬프고 고통스러운 시간에 묵묵히 함께 있는 일이 쉽지 않겠지만, 분명 부모가 해야 할 일이다.

Chapter 2

이혼의 방법과 효과

협의(합의)이혼

대한민국 민법은 이혼하는 방법으로 두 가지, 즉 협의이혼과 재판상 이혼을 인정하고 있다. 부부가 이혼에 합의한 경우에는 협의이혼을 할 수 있으며, 합의가 이루어지지 않는 경우 당사자 일방의 청구에 의해 법원의 재판으로 이혼하는 재판상 이혼을 할 수 있다.

본 챕터의 내용은 대한민국 법원, 가정법원, 국가법령정보센터에서 이혼과 관련된 사항을 요약 정리하였다. 더 구체적인 내용은 해당 기관의 인터넷 사이트를 참고하라.

부부가 서로 합의해서 이혼하는 것으로, 부부가 이혼과 자녀의 친권·양육 등에 관해 합의해서 법원으로부터 이혼 의사 확인을 받아 행정관청에 이혼신고를 하는 방식이다. 협의이혼 시에는 서로 간에 자유로운 의사로 이혼할 것에 합의해야 한다. 이혼 사유가 어떻든 관계없이 헤어지기로 합의하면 이혼할 수 있다는 말이다.

협의이혼 절차

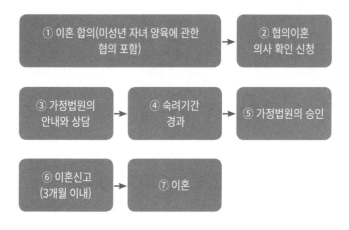

1) 관할 법원 확인하기

협의이혼을 하려면 부부의 등록기준지(구 호적법의 본적 개념) 또는 주소지를 관할하는 가정법원에 부부가 함께 출석하여 '협의이혼 의사 확인' 신청을 한다. 만일 부부의 등록기준지나 주소가 같지 않으면 그 중 편리한 곳에 신청서를 제출하면 된다. 다만, 국내에 거주하지 않는 경우 서울가정법원을 관할 법원으로 한다. 전국 관할 법원 검색은 대한민국 법원 홈페이지(www. scourt.go.kr)에서 할 수 있다.

2) 가정법원의 안내와 상담

협의이혼 의사확인을 신청한 부부는 가정법원이 제공하는 이혼에 관한 안내를 받고 이수 확인서를 제출하면 그날부터 이혼숙려기간이 지난 후에 이혼 의사를 확인받을 수 있다. 가정법원은 이혼에 관한 안내를 하고, 필요한 때에는 이혼하려는 부부에게 전문상담사에게 상담을 받을 것을 권고할 수 있다(민법 836의 2①). 이때 미성년 자녀가 있는 경우, 자녀 양육 안내도 이수하여야 한다. 자녀 양육안내는 협의이혼 의사확인 신청 후 3개월 이내에 받아야 한다.

3) 숙려기간의 경과

이혼 숙려기간은 양육해야 할 미성년인 자녀(임신 중인 자녀를 포함)가 있는 경우는 3개월, 양육해야 할 자녀가 없는 경우는 1개월 이다(민법 836의 2②). 다만, 폭력으로 인해 부부 일방에게 참을 수 없는 고통이 예상되는 등 이혼을 해야 할 급박한 사정이 있는 경우에는 이혼 숙려기간이 단축되거나 면제될 수 있다(민법 836의 2③). 이 기간은 말 그대로 이혼에 대하여 신중하게 다시 생각해보는 시간 이다. 하지만 이혼을 결심했다면 이혼 이후의 삶을 준비하는 기간 이기도 하다.

협의이혼하려는 부부에게 양육해야 할 자녀(이혼숙려기간 이내에 성년에 도달하는 자녀는 제외)가 있는 경우, 협의이혼 의사확인을 신청할 때 또는 이혼 의사확인기일 1개월 전까지 그 자녀의 친권과 양육에 관한 협의서를 제출해야 한다. 이때 부부가 반드시 협의해야 하는 내용은 미성년 자녀의 친권자 및 양육자 지정, 양육비용의 부담, 면접교섭행사 여부 및 그 방법이다. 또 법원마다 차이는 있지만 부부 상담(의무면담)이나 미성년 자녀를 포함한 프로그램(후견프로그램)을 이수해야 하는 경우가 많다.

4) 가정법원의 승인

이혼 숙려기간이 지난 후, 확인 기일에 부부는 반드시 함께 법원에 출석해야 한다. 이때 가정법원은 이혼 의사의 유무 및 부부 사이에 미성년 자녀가 있는지, 있는 경우는 자녀에 관한 양육자와 친권자의 결정 등 협의한 내용을 확인한다. 이때 가정법원은 그 내용을 확인하는 양육비 부담 조서를 작성한다. 이는 이혼 시 양육비를 효율적으로 확보하기 위한 것이다. 양육비 부담 조서에는 확정된 심판에 준하여 집행력이 인정되며, 양육비 지급의무가 이행되지 않는 경우 가사소송법상의 이행 명령도 할 수 있다. 이후 법원은 부부에게 이혼 의사확인서등본 1통씩 교부한다.

5) 이혼 신고

협의이혼의 효력은 '부부 중 한 명이라도' 이혼 신고하면 발생한다. 당사자는 이혼 의사 확인서등본을 받고 3개월 이내에 혼자 또는 상대방과 함께 등록기준(본적)지 또는 주소지 관할 시(구)·읍·면사무소에 확인서등본을 첨부하여 이혼신고를 하면 된다. 3개월 이내에 어느 한쪽도 이혼신고를 하지 않으면 가정법원의 확인은 효력을 상실한다(가족관계의 등록 등에 관한 규칙 75).

재판상 이혼

부부가 협의이혼이 불가능할 때, 부부 중 한 사람이 법원에 이혼소송을 제기해서 판결을 받아 이혼할 수 있는데, 이것을 재판상 이혼이라고 하며, 다음과 같은 사유가 있어야 한다(「민법」 제840조).

1. 배우자의 부정한 행위가 있었을 때
2. 배우자가 악의로 다른 일방을 유기한 때
3. 배우자 또는 그 직계존속으로부터 심히 부당한 대우를 받았을 때
4. 자기의 직계존속이 배우자로부터 심히 부당한 대우를 받았을 때
5. 배우자의 생사가 3년 이상 분명하지 않은 때
6. 그 밖에 혼인을 계속하기 어려운 중대한 사유가 있을 때

재판상 이혼은 그 절차에 따라 조정이혼과 소송이혼으로 구분된다. 우리나라는 재판 이혼에 있어 조정전치주의를 택하기 때문에 처음부터 바로 이혼소송을 제기하더라도 조정절차를 밟아야만 소송에 나아갈 수 있다. 물론 이혼에 관해 협의가 되지 않아 소송을 신청했는데, 조정 과정을 가져야 한다는 것은 시간 낭비로 보일 수 있다. 하지만 조정은 법정보다 자유로운 분위기에서 법원의 중재하에 진행되는 것으로, 당사자가 원하는 바를 솔직하게 터놓고 이야기하면 부부가 합의하지 못했던 것도 합리적인 대안을 찾

을 수 있다. 만약 조정이 성립되지 않더라도 부부 서로가 원하는 것
이 얼마나 다른지를 알 수 있어 소송 진행에 도움이 될 수 있다.

1) 관할 법원 확인하기

이혼소송을 진행하기 위해서는 소장을 제출할 가정법원부터
점검해야 한다. 부부가 같은 관할구역 내에 살고 있다면 해당 관할
가정법원에 소장을 제출하면 된다. 하지만 부부가 같은 관할구역
내에 살지 않으면 마지막으로 같은 주소지의 가정법원 관할구역을
확인하고 그 관할구역에 부부 중 어느 한 명이 살고 있으면 그 가정
법원에 제출한다. 만약 부부 중 어느 한쪽도 살고 있지 않다면 상대
방의 현재 주소지를 관할하는 가정법원에 제출해야 한다.

2) 가사조사

가사조사는 가사 조정이 있기 이전에 조사관이 당사들의 주
장을 직접 듣고 사실관계를 파악하는 것이다. 가정법원에서 모든
이혼소송에 대해 가사조사를 진행하는 것은 아니다. 부부 사이 갈
등의 원인이나 혼인 파탄의 책임을 판단할 만한 객관적 자료가 부
족한 경우 등 진행하고, 당사자의 신청에 의해 이루어지기도 한다.

3) 조정절차

조정기일이 정해지면 부부가 모두 출석해야 하는데, 이때는
법정대리인이 대신 출석하거나 동반할 수도 있다. 조정 단계에서

이혼에 관한 합의가 이루어지면 바로 이혼이 성립한다. 하지만 조정이 성립되지 않으면 본격적인 이혼 재판이 시작된다. 소송절차가 시작되고 변론기일이 정해지면 당사자 또는 법정대리인이 출석해서 진술하고, 법원이 사실조사, 증거조사 및 신문(訊問)을 거쳐 판결을 선고하게 된다.

4) 사전처분

사전처분은 가정법원 판사가 그 사건의 해결에 필요하다고 인정되는 범위 내에서 적당한 임시처분을 하는 것이다. 주로 1심 절차가 종료될 때까지 임시로 면접교섭, 양육비나 부양료 지급, 접근금지 등을 이행하라는 내용으로 결정이 내려진다. 사전처분 결정이 확정된 후 이행하지 않으면 1,000만 원 이하 과태료를 물 수 있으니 반드시 잘 이행해야 한다.

5) 변론의 종결과 판결선고

다툼이 있는 쟁점에 관한 주장과 증거가 제출되고, 조사도 마무리되면 재판부에서 마지막으로 재판을 열고 변론을 종결한다. 그리고 판결선고일을 알려준다. 판결선고일에는 판결문을 당사자에게 송달해 주기 때문에 반드시 출석하지 않아도 된다. 만약 판결문을 송달받고 그 결과에 승복하기 어렵다면 송달받은 날로부터 2주 이내에 판결한 법원에 항소장을 제출하면 된다. 원고와 피고 누구도 항소하지 않은 채 2주가 지나면 판결은 그대로 확정되고 판결

확정일에 이혼한 것으로 된다.

6) 이혼신고

이혼소송의 판결은 선고로 그 효력이 발생하고(가사소송법 12 및 민사소송법 205), 재판상 이혼청구를 인용한 확정판결은 제 3자에게도 효력이 있다(가사소송법 21①). 재판 이혼의 신고는 보고적 [1] 신고로서 소를 제기한 사람이 재판확정일부터 1개월 이내에 재판서의 등본 및 확정 증명서를 첨부해서 그 취지를 신고해야 한다. 이때 이혼신고를 늦게 한다고 해서 이혼의 효과가 없어지는 것은 아니다.

....

1   보고적 신고는 법률적 효과는 이미 발생했고, 그러한 사실을 관할관청에 알려 주는 신고이다.

이혼 과정에서 미성년 자녀를 보호하기 위한 법원의 제반 조치들

이혼의 자유와 미성년 자녀의 복리 보호라는 충돌하는 가치를 두고 사회의 발전에 따라 후자로 무게중심이 이동하는 것은 피할 수 없는 현상이다. 법원 또한 이혼절차에서 미성년 자녀의 복리 보호를 위해 다양한 조치를 하고 있다.

자녀의 성(姓)과 본(本) 변경

자녀에게 어머니의 성을 물려줄 수 있다. 부모가 이혼하더라도 부모와 자녀의 신분 관계는 변하지 않는다. 다만, 이혼 후 자녀의 복리를 위해 필요하다면 자녀의 성(姓)과 본(本)을 변경할 수 있다. 부모가 이혼하면서 어머니가 양육자로 결정된다면, 자녀의 성과 본을 자신의 것으로 부, 모 또는 자녀의 청구에 의해 법원의 허가를 받아 변경할 수 있다(민법 제781조 제6항).

전문가에게 자문의뢰

가사소송규칙 제8조에 근거한 조정조치 명령으로 심화된 부모교육, 부부 상담, 개인 상담, 아동 상담, 집단상담(비양육 부모과 자녀의 캠프), 시범면접교섭, 정신건강의학과 전문의 등 전문가에 대한 자문의뢰를 명할 수 있다. 특히 배우자의 부정행위를 원인으로 한 이혼 및 위자료 청구 사건에서 원고의 심리 치유를 위한 개인 상담이 당사자의 자살 충동 완화, 부부관계 회복, 자녀 양육능력 회복 등에 큰 효과를 나타낸 경우가 많다.

미성년 자녀의 의견청취

2022년 11월 개정된 가사소송법에 따르면, 양육 관련 가사소송절차에서 미성년 자녀의 권리와 복리(福利)를 한층 강화하였다. 특히 자녀와 관련된 재판에서 미성년 자녀의 의견청취는 자녀의 나이가 13세 이상일 경우에만 청취하게 돼 있던 기존과 달리, 개정안은 연령과 상관없이 모든 미성년 자녀의 의견청취를 의무화했다. 이렇게 자녀의 생생한 목소리를 듣는 것은 절차참여권과 의사 표현권을 최대한 존중한다는 측면에서 매우 중요하다.

부모의 이혼으로 인한 친권 및 양육권 등의 분쟁(재판상 이혼) 절차에서 미성년 자녀는 사건의 직접적인 당사자는 아니다. 하지만 그 심판 결과에 많은 영향을 받는다는 점에서 당사자만큼 중요한 위치를 차지한다(이때 자녀를 법률 용어로 '사건본인'이라고 한다). 그러므로 부모는 자녀가 자신의 의사를 충분히 표현할 수 있도록 도와야 한다.

자녀의 의견청취가 결정되었다면 부모는 자녀에게 사전 정보를 충분히 제공해야 한다. 부모로서 자녀가 가정법원을 방문하거나 가사조사관이 가정 방문해서 이야기 나눈다는 사실을 설명하기는 쉽지 않다. 이때 부모가 자녀에게 보이는 태도와 설명은 중요하다. 자녀에게 의견청취의 이유, 방법 등 궁금해할 내용을 충분히 설명하여 자녀가 불안해하거나 과도한 책임감, 죄책감을 느끼지 않도록 도와줄 필요가 있다. 그리고 자녀에게 이 말도 잊지 말자.

'이야기하고 싶지 않은 것은 안 해도 돼.'

의견청취 때(재판상 이혼) 자녀는 지금 어떻게 지내고 있는지, 엄마와 아빠와 어떻게 지내왔는지, 앞으로 어떻게 지내고 싶은지 이야기하게 된다. 이야기하는 방법은 자녀의 연령이나 상황에 따라 다양하다. 말로 생각을 이야기할 수 있고, 놀이나 그림, 글로도 이야기할 수 있다. 이때 부모가 유의해야 할 사항은 의견청취 전에 부모가 원하는 것을 말하도록 회유하거나 압박, 조정하는 일은 하지 말아야 한다. 또 자녀의 의견청취 후, 자녀가 스스로 그 내용에 대해 말하면 경청하되 부모가 먼저 무슨 이야기를 했는지 물어보거나 캐묻지 말아야 한다.

의견청취에서 자녀는 자신의 삶에서 무슨 일이 일어나는지 알고, 자신의 의견을 말하게 된다. 물론 자녀가 원하는 대로 모든 것이 결정되는 것은 아니다. 하지만 자녀는 앞으로 엄마 아빠와 어떻게 지내고 싶은지에 대해 원하는 바를 부담 느끼지 않고 솔직하게 이야기함으로써 새로운 가족 환경에 적응할 때 도움이 된다.

만약 자녀가 의견청취 절차에 부담감이 크다면, 부모는 상황에 대해 자녀의 눈높이에 맞추어 설명해주면 좋다. 자녀가 무엇을 걱정하는지 구체적으로 파악하는 것도 필요하다. 꼭 법원에 가야 하는지, 왜 내가 가야 하는지, 어떤 방법으로 이야기하는지 등. 자녀의 관점에서 이해하기 어렵거나 궁금한 점이 있다면 부모가 차근차근 설명해줘야 한다. 부모는 자녀가 가진 걱정이나 감정을 확인하고, 진지하게 수용하여야 한다. 이러한 대화가 잘 이루어질수록 자녀의 적응에 더 많은 도움이 될 것이다.

자녀 양육안내

법원은 이혼 과정에 있는 미성년 자녀를 둔 부모에게 자녀 양육안내를 시행하고 있다. 구체적인 내용을 살펴보면, 부모의 이혼과 지속적 갈등이 성장 과정에 있는 자녀에게 미치는 영향, 이혼 과정 및 이혼 이후 자녀의 정서적인 안정과 심리적 물리적 보호의 중요성 및 이를 위한 고려사항 등이 있다. 또 이혼 후 협력적인 양육 관계 구축을 통한 자녀의 복리 증진에 관한 사항도 포함된다.

부모는 이러한 자녀 양육안내를 사전에 이수하여(유튜브 채널 대한민국 대법원) 의견 청취 절차에서 자녀의 복리를 위해 도움받을 수 있다. 또 부모가 자녀와 의견 청취나 이혼 과정에 관해 대화하기 걱정된다면, 대한민국 법원 '부모' 홈페이지를 방문하거나 관련 동영상을 시청하며 자녀와 대화를 준비할 수도 있다.

절차보조인 제도

2022년 11월 개정된 가사소송법(제16조)에 따르면, 친권 및 양육권 분쟁 등 소송 과정에서 미성년 자녀의 의사를 정확하게 파악해 법원에 전달할 수 있는 절차보조인 제도를 신설했다. 절차보조인은 가정법원의 직권이나 미성년 자녀 또는 그 친족의 신청으로 선임된다. 원칙적으로 법률전문가인 변호사를, 예외적으로 심리학·교육학·상담학·아동학·의학 또는 이와 유사한 분야의 전문가를 선임하는 것이 가능하다.

구체적인 법 조항 및 관련 사항은 아래의 사이트를 참고하세요.

- 대한민국 법원 홈페이지 www. scourt.go.kr
- 법제처 국가법령정보센터 www.law.go.kr

Chapter 3

이혼 후 부모 자녀 관계

이혼 후 부모 자녀 관계

이혼을 선택하고, 철저하게 준비해도 이혼 과정은 당사자들에게 엄청난 스트레스다. 이혼에 이르게 된 상황이나 이유가 저마다 다르고, 귀책사유의 규명, 재산분할, 친권 및 양육권 문제 등. 해결해야 할 일이 많다. 거기에다 이혼에 대한 상대 배우자의 태도, 즉 이혼에 동의 여부, 상대방에게 여전히 남아 있는 부정적이고 격한 감정들, 자녀 양육에 관한 좁혀지지 않는 의견 차이는 스트레스의 강도를 한층 높인다. 특히 미성년 자녀의 양육에 합의를 이루지 못하면 이혼 과정은 순탄하지 않다. 해외에서는 공동양육권을 인정해 부모가 교대로 자녀를 돌보는 경우가 많지만, 우리나라는 주로 한쪽 부모에게 양육권을 인정하다 보니 치열한 법정 공방으로 이어지곤 한다.

이러한 이혼 과정은 부부뿐만 아니라, 자녀에게도 힘든 시간이다. 자녀에게 부모 이혼은 이혼 자체가 주는 상처도 크지만, 이혼하기 전까지 자녀가 겪었던 상황(부모의 계속되는 갈등을 지켜보며 두려웠던 시간, 불행했던 기억)과 더불어 자녀의 삶에 많은 영향을 끼친다.

예외인 경우도 있다. 아버지나 어머니 중에 가정폭력, 아동학대, 정신질환, 약물 남용 등의 문제가 있는 상황이다. 문제를 가지고 있는 아버지나 어머니가 그 심각성을 깨닫지 못하고, 다른 탓만 하며 나머지 가족의 고통은 아랑곳하지 않을 수 있다. 이때는 부부 이혼조차 쉽지 않다. 자녀는 부모 이혼으로 상실과 변화에 대한 불안을 느끼기도 하지만, 오히려 불안하고 갈등적인 가정환경에서 벗어나 안전하게 생활하며 안정감을 얻기도 한다. 또 자녀가 어느 정도 성장(청소년기)한 경우 부모의 이혼 결정에 대해 인정하고 수용하는 모습도 볼 수 있다.

이혼하는 부모는 자신의 이혼이 적어도 자녀에게 부정적인 영향을 끼치지 않고, 상처를 덜 주기를, 즉 자녀가 행복한 아이로 자라기를 바란다. 특히 미성년 자녀가 있을 때 아버지와 어머니로서 책임감 있는 양육 태도는 그 무엇보다 중요하다.

자녀의 경우, 부모 이혼 전 부모와 자녀의 관계가 어떠했는지, 부모의 갈등에 자녀가 얼마나 노출이 되었는지, 그리고 이혼 후 부모가 자녀를 어떻게 돌보는지에 따라 부모 이혼에 적응하는 속도는 다르다. 이에 자녀의 연령에 따라 나타날 수 있는 행동 특성, 심리적 어려움에 대해 알아보고, 양육 또는 비양육 부모로서 자녀가 변화된 환경에 적응할 수 있도록 돕는 방법도 살펴보자.

양육부모 영유아 시기 경험할 수 있는 심리적 어려움

인간의 발달 단계를 시기별로 나누는 것에는 여러 가지 관점이 있다. 아동, 청소년을 지칭하는 연령 기준도 우리나라의 경우 각종 법령마다 다르다. 이 책에서는 편의상 아동기, 청소년기의 연령 구분을 어린이집, 유치원, 학교 등 사회 기관에 속하는 시기에 중점을 두고 나누었다. 또 여기서 말하는 연령별 심리적 어려움은 이혼의 영향을 부정적으로만 보는 관점이 아니라, 변화된 가족구조 환경에 자녀의 적응을 돕는 관점도 포함한다.

부모 중 누가 자녀의 양육자로 더 적합할지는 자녀의 복리를 기준으로 정한다. 이때 형제자매를 나누는 식의 양육자 지정(자녀에게 두 번의 상처가 될 수 있다)은 지양해야 한다. 또 양육 부모는 자녀가 비양육 부모와도 충분하고 안정적인 만남을 가지도록 배려해야 한다. 이는 양육 부모의 법적 의무다.

울거나 짜증을 내며 불안을 표현

영유아란 〈영유아 보육법〉에 따르면, 6세 미만의 취학 전 아동을 말한다. 영아(0~1세)시기는 뇌의 성장이 급격히 이루어지고 인지 능력도 많이 발달한다(정옥분, 2018). 여러 인지 능력 중에서 대상 영속성이 발달하기 시작하는데, 대상 영속성은 물체나 사람이 눈에 보이지 않거나 소리가 들리지 않더라도 계속 존재한다는 사실을 아는 것을 말한다. 이 시기 영아는 자신의 주 양육자와 애착을 형성하기 시작한다. 애착은 영아와 양육자 간에 형성되는 친밀한 정서적 유대감으로 타인에 대한 기본적 신뢰감을 형성하는데 기초가 된다. 영아는 3주 정도 지나면서 점차 정서가 분화되어 발달하고, 4~5개월에는 양육자와 밀접한 심리적 유대감도 형성한다. 또 즐거운 감정이 나타나며 갑작스러운 큰소리에 공포를 느낀다.

이 시기에 부모가 자주 큰 소리로 싸우거나 감정을 폭발한다면 영아에게 어떤 영향을 미칠까? 아직 아기라서 아무것도 기억하지 못할 거야. 아기가 순해서 괜찮을 거야. 그렇지 않다. 아이가 어릴수록 오히려 주변의 긴장과 갈등에 예민하다. 부모가 울고 혼란스러워하고 분노한다면 그런 느낌의 일부는 아기에게 전달될 수밖에 없다. 말로 표현하지 못해도 울거나 짜증을 내며 불안해할 수 있다. 그래서 영아기 자녀를 돌볼 때 무엇보다 중요한 것은 애착대상(주양육자)과의 관계이다. 영아의 기본적 욕구를 즉각적이고도 일관되게 충족시킴으로써 안정감을 주는 것이다. 또 영아에게 친숙한 환경에서 우유를 먹이거나 기저귀를 가는 등 영아가 급격한 변화를 느끼지 않게 주의해야 한다.

유아(2세~6세)는 왕성한 호기심과 상상력이 많을 때다. 인지적 능력과 언어 능력이 빠르게 발달하고 실제와 환상을 완전히 구분할 수 없다. 또 자기중심적으로 사고(egocentric thought)한다. 자기중심적 사고는 유아가 이기적이거나 일부러 다른 사람의 입장을 배려하지 않는 것이 아니라, 단지 다른 사람의 관점을 이해하지 못하는 것이다. 자신이 좋아하는 것을 다른 사람도 좋아한다고 여긴다. 예를 들어, 숨바꼭질할 때 자신이 술래를 볼 수 없으면 술래도 자신을 볼 수 없다고 생각해서 몸을 다 드러내놓고 얼굴만 가린 채 숨었다고 생각한다.

이러한 아이의 자기중심적 사고는 부모 이혼을 경험할 때 내가 잘못했나, 나 때문에 부모가 이혼하는구나 하는 죄책감으로 이어질 수 있다. 이때 부모는 아이의 잘못이 아니라는 것을 몇 번이라도 이야기해줘야 한다. 한편 '내가 잘하면 괜찮아질 거야'라는 생각, 즉 부모가 재결합하는 기대도 한다. 이런 생각은 부모의 이혼을 현실로 받아들이기 어려워 부정하는 것이다. 이 시기는 유아 자신과 엄마가 독립된 존재임을 알기 때문에 한쪽 부모의 상실을 뚜렷이 인식할 수 있다. 한쪽 부모(비양육 부모)에 관한 기억이 있고, 어떤 형태로든 애착 관계를 형성한 상황이어서 더욱 그렇다.

엄마, 아빠 중 갑자기 어느 한쪽이 사라져버리면, 유아는 무서움과 불안감에 휩싸인다. 부모 한쪽이 떠났기 때문에 다른 쪽도 자신을 버릴지 모른다는 두려움이 생긴다. 유아는 자신의 혼란과 불안을 어느 정도 표현할 수 있다. 하지만 스스로 위로하는 방법을 모르기에 더욱 힘들다. 부모는 자녀의 불안에 공감하고, 아이가 버림받을 것이라는 두려움을 진정시켜줄 수 있어야 한다. 자녀의 눈높이에 맞춰 '나는 아무 데도 가지 않아', '나는 네가 필요로 할 때마다 늘 옆에 있을 거야'와 같은 말을 여러 번 반복해줘야 한다. 그렇게 되면 유아는 자기에게 부모 두 사람이 여전히 자기 옆에 있다는 것을 서서히 받아들이게 된다.

이런 시간을 통해 자녀에게 꼭 이해시켜야 하는 것은 자기가 부모를 잃지 않는다는 것, 형제·자매와 함께 지낸다는 것, 좋아하는 장난감이 없어지지 않는다는 사실이다.

부모 이혼에 관해 설명할 때

부모는 자녀가 이해할 수 있는 수준과 방법을 동원해 같이 살지 못하는 상황을 설명해주고, 자녀가 느끼는 상실감을 충분히 표현하게 도와야 한다. "예전처럼 함께 살지는 않지만, 우리가 너를 사랑하는 마음은 절대 변하지 않아." 물론 말로만 반복한다고 안정이 되는 것은 아니다. 이혼 후 생활에서 자녀가 부모에 대한 신뢰를 회복할 수 있도록 노력해야 한다.

그리고 양육 부모가 자녀를 돌볼 때 잊지 말아야 할 점은 부모 자신부터 정서적 안정을 찾기 위해 최대한 노력해야 한다는 것이다. 이 시기 유아에게 가장 필요한 것은 '따뜻함'이며, 부모의 애정을 확인하는 일이다.

자녀와 함께 읽고 이야기 나누면 좋은 그림책

- 『나의 왕국』 키티 크라우더. 책빛. 2021.
- 『나는 두 집에 살아요』 마리안 드 스멧 글. 두레아이들. 2012.
- 『풍선 세 개』, 『풍선 다섯 개』 김양미 글/그림. 시공주니어. 2011.

자녀와 함께 읽고 이야기 나눌 때 활용할 수 있는 방법은 Chapter4에 구체적으로 소개하였다.

양육부모 아동기 경험할 수 있는 심리적 어려움

아동기(6세~13세)에는 사회 기관에 속하거나 놀이 친구가 생기면서 본격적인 사회적 교류를 시작한다. 특히 이 시기는 부모와의 상호작용뿐만 아니라, 또래 관계가 발달하면서 타인과 다른 자기 자신을 인식하고 이해한다. 이러한 자기 이해는 자기개념, 자아존중감, 자기효능감 등 다양한 측면에서 영유아기와 달리 큰 폭으로 발달한다. 이를 바탕으로 아동기에는 자기 이해가 어떻게 발달하는지 자기개념, 자아존중감을 중심으로 알아보고자 한다. 또 자녀가 이 시기에 부모의 이혼을 경험하게 된다면 어떤 심리적 어려움을 겪을 수 있는지 살펴보자.

자기개념

서울대학교 심리학 교수인 곽금주(2016)에 따르면, 자기개념(Self-concept)이란 자신을 생각할 때 떠오르는 생각이나 이미지를 말한다. 즉 자신의 신체를 지각하는 것부터 자신만의 감정, 생각, 신념, 행동 등을 인식하고 평가하는 능력까지 자신과 관련된 모든 정신 활동을 포함한다. 미국 애모리대학 심리학 교수인 필립 로샤 박사의 연구(Rochat & Morgan, 1995)에 따르면, 인간은 생후 3~5개월부터 자신의 신체를 지각할 수 있다고 한다. 또 곽금주 교수(2014)가 우리나라 영아에게 실시한 실험에서 생후 24개월 영아 중 대략 60%는 거울 속 자신의 모습을 알아보았다. 이러한 자기인식(self-recognition)은 자기 이해의 출발점으로써 나아가 자기개념, 자아존중감(Self-esteem)의 발달로 이어진다.

아동 초기(6~9세) 초등학교 저학년 아동은 주로 눈에 보이는 외적인 특징, 즉 겉으로 보이는 모습이 곧 자기라고 생각한다. 신체적 특성, 소유물, 내가 잘하는 것, 좋아하는 놀이 및 활동과 같이 구체적으로 눈에 보이는 속성을 기준으로 자신을 이해하게 된다. 예를 들어, 아동은 자기를 '변신 로봇 장난감이 있는 나', '겨울왕국 엘사 드레스를 입은 나'로 자기개념을 형성한다. 이후 사회적 접촉이 많아지면서 자기 자신과 외적 환경의 상호작용을 통한 자신에 대한 지각을 확장해간다. 확장된 자기개념은 연령이 증가함에 따라 나는 어떤 사람인지에 대한 통합된 하나의 '나'를 만들어간다. 결국, 자기개념은 아동의 성격 형성에 핵심적인 요소로 작용한다.

아동 초기, 아동에게 자신 이외의 외적 환경은 주로 부모(주양육자)가 된다. 부모가 아동을 양육하는 행동이나 태도에 따라 아동이 자기 자신을 어떻게 평가하는지와 같은 자기개념에 영향을 준다. 많은 연구에서 부모의 온정적이고 수용적인 양육방식은 아동의 자기개념 형성에 긍정적인 영향을 끼친다고 보고한다. 다시 말해, 자녀의 의견을 존중하고 자율적으로 행동하도록 격려하며 자녀의 마음이나 생각을 이해해 주는 자율적•수용적 태도일 때 자녀는 긍정적인 자기개념을 갖게 된다.

초등학생을 대상으로 '가족 환경이 아동의 자기개념 형성에 미치는 영향'을 연구한 순천향대학교 부천병원 정신의학과 이소영 교수(2006)에 따르면, 초등학교 저학년의 경우 자기개념 형성에 가장 크게 관련이 있는 가족 특성으로 가족의 결합력이라고 하였다. 이때 '가족 결합력'은 가족 구성원 사이의 도움 혹은 지지 정도를 의미한다. 물론 가족 결합력이 지나치게 높으면 과도하게 연결되어 지나친 관여로 인해 개인이 분화되는 것을 방해할 수 있다. 그래서 이 시기 아동에게 무엇보다 중요한 것은 적절하고 안정적인 가족 결합력, 즉 부모의 적절한 지지와 도움이다.

아동은 초등학교에 입학하면서 부모의 세계에서 또래의 세계로 큰 발걸음을 뗀다. 또래와 관계를 원만하게 맺고, 교실에서 규칙과 약속을 지키며 학교생활을 하는 것은 이 시기 아동에게 새로운 도전이다. 이런 사회적 접촉은 즐겁기도 하고, 두렵기도 하고, 그리고 긴장되어 큰 용기가 필요한 시간이 되기도 할 것이다. 아동은 자신이 원하는 대로 모든 것이 되지 않을 수 있고, 부모도 도와줄 수 없는 상황이 있다는 사실을 알게 된다. 바깥세상은 집만큼 안전하지 않지만, 재미있고 신기한 것이 많은 곳임을 깨닫는다. 이때 부모의 세계는 아동에게 안정감을 준다. 아니, 안정감을 느낄 수 있어야 한다. 의지할 수 있는 부모가 있다는 안정감. 그럴 때 아동은 위축되지 않고 또래들에게 다가가거나, 학교생활에 적응할 수 있다.

발달 특성상 부모의 지지와 도움이 절실한 이 시기에 아동이 부모 이혼을 경험한다면, 세상이 한쪽으로 기울어지는 듯한 '불안'을 느낄 것이다. 이제까지 자신을 보호해주던 '가족'이라는 세계를 잃어버릴지도 모른다는 두려움도 크다. 이런 마음은 자녀의 생활 속에서 다양한 모습으로 나타난다. 학교 공부에 집중력이 떨어지거나, 또래 관계에서 위축된 모습을 보이기도 한다.

또 자녀는 부모가 상상도 못 할, 말도 안 되는 걱정을 할 수도 있다. 앞으로 나는 어떻게 살아야 하는지, 아빠가 영영 오지 않는 것은 아닌지, 엄마가 어느 날 갑자기 사라져버리지는 않을지 등등. 이때 양육 부모는 자녀의 걱정이나 불안을 진지하게 들어야 한다. 그리고 자녀의 눈높이에 맞춰 침착하게 설명해줘야 한다. 여러 번 반복해서 이야기해도 좋다. 마지막에는 자녀에게 걱정이나 고민하는 것에 충분한 대답이 되었는지 또 걱정을 덜어주기 위해 부모가 무엇을 해주면 좋을지 물어보는 것이 중요하다.

자기개념은 아동 후기(10~13세)가 되면 아동 초기보다 사람들 간의 견해, 사회적 기준의 차이점을 인식하면서 더욱 복잡하고 정교해진다. 또 외적인 특성보다 내적인 특성에 치중하게 된다. 무엇보다 이 시기에는 사회문화적 맥락에서 역할을 이해하고, 타인과 상호작용을 통해 자기개념을 발달시킨다. '나는 내 친구보다 야구 못해, 내 친구는 우리 반에서 인기가 많아.'라며 타인과의 비교를 통해 자신을 평가하기도 한다. 아동은 이러한 사회 비교(Society comparison)를 통해 점차 현실적이고 객관적인 사고를 하게 된다.

자아존중감

미국의 심리학자 스탠리 쿠퍼스미스Stanley Coopersmith(1967)는 자아존중감을 개인이 스스로 유능하고, 중요하며, 가치가 있다고 믿는 정도라고 했다. 즉, 자신의 특성이나 속성, 타인과의 관계, 부모와의 관계 등에서 자기 가치를 긍정적으로 판단하는 정도를 말한다. 예를 들어, 나는 괜찮은 사람이야, 나를 좋아하는 사람이 많아 등 자신에 대해 긍정적으로 생각하는 경우 자아존중감이 높다. 자아존중감은 전 생애에 걸쳐 발달하고, 아동의 전반적인 행복감에 영향을 미친다. 최다은(2017)의 연구에 따르면, 개인이 행복감을 느끼기 위해서는 자아존중감 형성이 선행되어야 하며 스스로 가치 있는 존재라고 믿고 사회적으로 인정받아야 한다.

자아존중감의 발달 과정을 살펴보면, 유아들은 자신이 가진 여러 측면의 자아들을 하나로만 생각하며 할 수 있거나 할 수 없는 정도로만 자신을 평가한다. 또 이 시기는 자신이 바라는 행동과 실제 할 수 있는 행동을 구분하지 못해 지나치게 긍정적인 자기평가를 하는 경향이 있다. 하지만 유아가 대략 만 2세가 되었을 때, 미국의 학습 동기 분야 박사인 스티펙(Stipek)과 레치아 & 맥클린틱(Recchia & McClintic, 1992)의 연구에 따르면, 상대방의 반응을 보고 자신의 행동에 대해 평가할 수 있게 되어 자아존중감의 발달이 나타난다.

유아기에 높았던 자아존중감은 아동 초기가 되면서 다소 감소한다. 아동 초기(6~9세)가 되면 아동은 자신을 여러 분야로 나누어 평가할 수 있게 된다. 이런 현상은 아동이 또래 관계, 부모와의 관계, 학업 능력, 신체적 능력으로 자신을 세분화하여 또래와 비교하거나 타인에게 평가를 받으면서 생긴다. 이제 아동은 자신이 달리기를 엄청 잘하는 사람이 아니라, 달리기 실력이 반에서 중간쯤이라는 사실을, 자전거는 아예 탈 줄도 모르는 아이라는 사실을 안다. 이 시기에 아동의 자아존중감이 약간 감소하는 것은 자연스러운 모습일 수 있다. 건강한 자아존중감은 아동이 자신의 강점과 약점을 모두 인정하여 객관적이고 공평하게 자신을 평가하는 데서 출발한다.

또 이 시기의 아동은 주로 상호작용하는 타인, 즉 가족이나 선생님 그리고 친구 등에게 받은 평가가 중요하다고 인식한다. 아동은 자신의 행동에 따른 중요한 타인들의 반응이 수용적인지, 거부적인지에 따라 자기를 판단한다. 예를 들어, 아동이 실수했을 때 부모가 아동을 혼내거나 비난하기만 하면 아동은 '나는 가족에게 도움이 되지 않는 아이구나'라고 판단하게 된다. 이런 경험이 쌓인 아동은 주눅이 들거나 눈치를 많이 보게 된다.

아동이 실수했을 경우, 부모는 혼을 내기보다 어떻게 대처하면 좋은지 가르치거나 함께 해결하는 자세가 필요하다. 실수는 누구나 할 수 있지, 만약 실수하면 이렇게 하면 되는구나, 다음에는 실수하지 않도록 조심해야지 등. 부모가 대처하는 태도를 보고 아동은 실수해도 주눅 들지 않고 행동에 책임지는 방법을 배운다. 이 시기 아동의 자아존중감은 주로 부모의 수용과 인정 속에서 자란다. 다시 말해 아동이 사랑받고 있다고 느낄 때 자아존중감은 높아진다.

자아존중감은 아동 후기(10~13세)가 되면 어느 정도 안정적인 특성을 보인다. 아동은 사회적 맥락 속에서 파악한 사회적, 신체, 인지 능력을 바탕으로 자신을 판단한다. 이 시기 자기평가는 아동 초기보다 조금 더 정확하고 현실적이며 통합적이기도 하다. 또 이 시기에 형성된 자아존중감은 비교적 오랫동안 지속하고, 성인기에도 비슷한 수준의 자아존중감을 유지하기 쉽다고 한다. 물론 미국의 심리학자인 수잔 하터(Susan Harter, 2012)의 연구에 따르면, 청소년기에는 자아존중감이 급격히 감소한다. 그러나 그것은 매우 일시적이고 그 정도도 작다. 결국, 아동 후기가 아동의 자아존중감을 탄탄하게 다질 수 있는 때이다.

자아존중감은 후천적으로 습득하는 것으로 긍정적인 경험과 자기평가를 통해 향상될 수 있다. 하지만 개인이 필요할 때, 어느 날 하늘에서 '툭' 떨어지는 것이 아니다. 글을 읽는다고 얻을 수 있는 것도, 생각을 많이 한다고 높아지는 것도 아니다. 주변 사람과 상호작용 속에서 좌절을 경험하기도 하고, 응원과 지지를 받는 경험들이 켜켜이 쌓여 건강한 자아존중감이 만들어진다.

양육 민감성(Sensitivity)

곽금주(2016)에 따르면, 아동기 자아존중감 발달에 영향을 주는 요인으로 부모와 관계, 특히 부모의 양육 민감성(Sensitivity)을 꼽는다. 민감성은 아이를 세심하게 관찰하고, 아이의 필요와 특징을 잘 알고 이를 채워주려고 노력하는 것을 말한다. 민감성 높은 양육은 아동이 '엄마가 나에게 관심을 많이 주네', '나는 꽤 소중한 사람인가 봐', '아빠가 내 마음을 잘 알아주네', '나는 꽤 괜찮은 사람인가 봐'라고 생각하게 만든다. 결국, 아동은 세상을 보다 유연하게 살아가는 원동력을 얻고, 관계를 맺는데 두려움이 없고, 안정적인 모습을 가지게 된다. 반대로 아동의 신호에 무관심하거나 반복적으로 거부하면 아동은 세상에 대해 신뢰감이 떨어진다. 또 양육자가 아동의 신호에 일관성 없고 불안정하면 아동은 타인과의 관계에서 안정감을 느끼지 못하고 의존적인 모습을 보인다.

물론 양육 민감성이 아동이 원하는 대로 무조건 다 들어주는 것은 아니다. 아동을 잘 관찰하고, 아동의 감정이나 원하는 바를 읽어주는 행위만으로도 아동은 자신의 요구를 인정받았다고 느낄 수 있다. 예를 들어 부모가 어떤 일을 하고 있을 때, 아동이 말을 걸어 온다면 하던 일을 멈추고 눈을 맞추며 이야기를 들으면 좋다.

하지만 부모가 상황이 여의치 않아서 하던 일을 멈추기 어렵다면 "00이가 뭔가 필요하구나. 지금은 엄마가 동생과 이야기 하니 조금만 기다려봐"라고 말하면 된다. 원하는 것을 바로 다 들어주자는 것이 아니라, 아동이 원하는 것을 알아주는 반응을 즉각하라는 것이다.

사회 비교(Society comparison)

아동의 자아존중감 발달에 영향을 끼치는 다른 요인으로 또래와의 사회 비교(Society comparison)가 있다(강혜자, 2016). 사회 비교는 타인과 관계를 맺으면서, 타인에 대한 정보를 얻고 이를 바탕으로 타인과 본인을 비교하는 자기평가 과정에서 비롯된다. 아동기에는 유치원이나 학교에 다니며 또래와 상호작용이 빈번해진다. 이때 아동은 자기 의사와 상관없이 또래와 사회 비교가 자동으로 일어난다. 특히 아동이 중요하다고 여기는 특성이나 능력을 비교할 경우 부정적인 감정이 두드러진다. 친구가 다니는 태권도학원을 왜 나는 가지 못하는지. 부모와 함께 여행을 갈 수 없는지 등. 아동은 부모의 이혼이 자신의 일상에 큰 방해물이라고 여기기도 한다.

이 시기에 부모 이혼을 경험하는 아동은 한쪽 부모의 상실로 자신의 처지가 또래와 다르다고 느끼면서 또래와의 관계에서 어려움을 보일 수 있다. 부모가 이혼하는 것을 부끄럽게 여기고 위축되어 자기만의 동굴 속에 숨어버린다. 특히 부모가 눈여겨볼 점은 자녀의 또래 관계에서 친한 친구들과 지내는 모습이다. 부모의 이혼에 대해 친한 친구에게 어떻게 이야기할지 몰라 서서히 거리가 멀어지기도 한다.

하지만 이혼가정의 자녀일지라도 부모와 지속적인 사랑을 주고받으며 자라난 아동은 오히려 타인을 이해하는 마음의 폭이 넓어진다. 이혼을 경험하는 부모 마음을 이해하려고 노력하고 새로운 가족 형태에 적응하는 과정에서 자신은 물론 타인을 배려하고 수용하는 방법을 배운다. 또 사회성이 발달하는가 하면, 주어진 현실에 또래보다 더 잘 적응을 해 나가는 모습을 보이기도 한다. 아동의 적응 유연성이 높아질 수 있다.

이렇듯 자아존중감 형성은 아동이 중요하다고 생각하는 사람들의 관심과 성공적 경험을 통해 이루어진다. 무엇보다 아동기에 자아존중감은 적응과 관련이 깊다.

부모의 재결합에 대한 강한 기대와 환상

아동 후기에 아동은 부모의 숨겨진 정서와 겉으로 표현된 정서의 차이를 안다. 그래서 부모 사이에서 일어나는 내적 갈등을 좀 더 잘 파악할 수 있다. 또 부모가 더는 서로에게 사랑이 없거나 혹은 감정에 변화가 생겨 이혼했다는 걸 안다. 그러나 부모의 감정이 왜 변했는지는 이해하지 못한다. 그래서 이혼을 되돌릴 수 있을 것으로 생각하는 경향이 있으며, 외적 환경이 변한다면 부모의 감정은 바뀔 수도 있다고 믿는다. 아동은 스스로 부모 사이를 중재하고 조정해야 한다고 느낀다. 부모로 인한 분노와 슬픔의 감정을 숨긴 채, 긍정적인 면을 보이려고 애쓴다.

또 자녀는 함께 살지 않는 부모를 그리워하며 슬퍼한다. 특히 부모 형편에 차이가 날 때 자녀는 어려운 처지에 있는 부모에게 연민을 느낄 수도 있다. 이런 슬픔이나 연민이 깊어지면 자녀는 자신을 위로하기 위해서 부모의 재결합에 대한 강한 기대와 환상을 가진다. 부모가 이혼했다는 사실을 알지만, 현실로 받아들이기가 너무 힘든 것이다.

어쩌면 부모는 이미 알고 있을 수 있다. 이 시기 자녀의 또래 관계와 학교생활의 중요성을. 하지만 부모는 이혼 과정을 거치느라 자녀에게 마음 쓸 여유가 없을 것이다. 이혼 후, 부모는 자녀가 학교생활이나 또래 관계에 제대로 적응하지 못하면 이혼의 충격 때문이라고 생각해 죄책감을 느끼기도 한다. 자녀에게 크고 작은 문제가 생길 때마다 혼자 감당해야 한다는 심리적 부담감으로 혼란스럽다. 하지만 자녀도 이혼 당사자인 부모만큼, 아니 훨씬 크게 혼란스럽고 힘들다는 사실을 기억하자. 성인에게 이혼은 한 세계(a world)의 끝남을 의미하지만, 아동에게 부모 이혼은 유일한 세계(the world)가 끝나는 것 같은 영향을 준다고 한다(이원숙, 2016).

이 시기의 자녀는 부모가 갈등하는 모습을 볼 수도 있고, 사이가 좋지 않음을 눈치로 알 수도 있다. 그래도 아직 이혼한 부모를 온전히 공감할 수 있을 만큼 이해력을 갖추기는 어렵다. 부모는 자녀에게 부모 이혼에 관해 설명하고, 도움을 요청하자. 특히 아동 후기에는 변화된 가족구조 속에 자녀 도움과 협조가 필요하다는 것을 이야기하자. 구체적인 일을 시키는 것도 좋다. 이때 자녀에게 도움을 요청하는 것이 부모가 지나치게 의존하는 모양새가 되지 않도록 조심해야 한다.

부모 이혼에 관해 설명할 때

부모 이혼에 관해 설명할 때는 부모가 함께하는 것이 좋다.

먼저, 부모가 사랑으로 만나 가정을 이루었고 많은 사랑 속에 자녀가 태어났음을 알려주자. 다음으로 부모는 결혼을 유지하기 위해 노력했다는 사실도 이야기하자. 아무리 이혼율이 높다 해도 세상의 많은 부모는 한두 번의 싸움으로 이혼하지 않는다. 각자 나름의 노력을 했지만, 더는 함께 지내는 게 어렵게 되었다는 사실을 말해주자. 마지막으로 이렇게 이혼해서 미안하다고 말하고, 이혼에 이를지라도 끝까지 부모 역할에 최선을 다할 것이고, 자녀를 사랑하는 마음은 변함없을 것이라고 말하자.

[함께 생각해봐요]　　　　아동기 경험할 수 있는 심리적 어려움

나랑 오래 함께 있을 수 있는 사람

자녀 지아와 시아는 7세, 5세 자매이다. 부모는 이혼 과정에 있고, 양육은 아버지가 맡았다. 함께 살지 않는 어머니와 면접교섭을 할 당시(초기에는) 큰 어려움이 없었다. 하지만 6개월 정도 시간이 흐른 뒤부터 지아와 시아는 엄마를 만나지 않겠다고 한다. 면접교섭 때가 되면, 울고 떼를 쓰며 안가겠다고 한다. 엄마가 나 어렸을 때 때렸잖아, 엄마 집이 너무 더러워, 나한테 해 준 것도 없으면서 왜 그러는 거야, 나는 엄마 안 보고 싶고 만나기도 싫다고. 지아가 소리를 지르며 만나기 싫다고 하면 동생인 시아도 무조건 엄마를 안 만난다고 한다. 그래서 면접교섭이 제대로 이루어지지 않는다. 어머니는 아이들 아버지가 저렇게(아이들이 엄마 싫다고 하며 안 만나려고 하는 것) 만들었으리라 의심하고, 아이들 아버지는 아이들이 안 만나겠다니 어쩔 수 없다는 말만 되풀이한다. 어머니는 속상해하며 눈물 흘리고, 아이들 아버지를 원망한다.

지아와 시아에게 무슨 일이 있었던 걸까. 면접교섭이 6개월쯤 진행되었을 즈음 지아와 시아 부모의 환경에 어떤 변화가 있었던 것일까. 어떤 일로 인해 아이들의 마음에 변화가 생겼을까. 분명히 확인해봐야 한다.

이혼하는 과정에서 부모는 재산분할, 양육비와 같은 경제적인 문제와 친권, 양육권, 면접교섭권을 둘러싼 자녀 양육 문제 등으로 갈등수준이 높다. 이런 갈등이 원만하게 해결되지 않아 법적 분쟁으로 이어지기도 한다. 지아와 시아의 경우, 부모 사이의 갈등이 높은 상태라서 자녀들의 정서적 어려움을 놓치고 있는 것은 아닌지 살펴보자.

싸움을 멈추자
이혼 과정에 있는 부모는 각자의 속도로 이혼을 하는 중이다. 이혼하자고 합의를 했더라도 이혼이라는 해저터널, 그것도 아주 깊은 바다를 통과하는(이혼 과정) 속도는 서로 다를 수 있다는 말이다. 한 배우자가 자기는 할 만큼은 했다고 생각하면서 이혼 과정을 심리적, 사회적, 법적으로 진행한다. 하지만 다른 쪽 배우자는 이혼 후 변화에 대한 불안, 앞날의 두려움, 막막함을 배우자를 향한 원망과 분노로 표현하기도 한다. 고의든 아니든 이런 마음은 자녀에게 고스란히 전달된다.

지아와 시아의 어머니는 아이들 아버지를 의심한다. 대체 아이들에게 무슨 말을 했기에 아이들이 나를 안 보겠다고 하는 거야. 아직도 나에 대해 얼마나 나쁘게 말하면 아이들이 저렇게 말할까. 어머니는 틀림없이 자녀에게 자신의 험담을 했다고 생각할 것이다. 이혼을 결정했음에도 두 사람의 싸움은 끝을 모르고 이어진다.

아버지도 아이들 어머니 탓을 할 수 있다. 아이들한테 신경 안 쓰고 도대체 어디에 신경 쓰는 거야. 불쌍한 아이들한테 집중하고 잘 해야지. 결혼 생활 때도 아이들한테 제대로 못 하더니 얼마나 이상하게 했으면 아이들이 엄마 안 보겠다고 저럴까. 자업자득이야. 아이들이 어리다고 모를까 봐. 이제라도 정신 차리고 아이들한테 잘 해야지. 다른 사람들이 몰라서 그렇다. 가족들한테는 제멋대로 했다. 끝없이 분노한다. 다른 사람(상담사, 심리치료사 등)이 그건 상대에 대해 화를 내는 것이라고 하면 대부분 못 받아들인다. 중요한 것은 아버지가 자녀들에게 직접 그런 표현을 하지 않았더라도 자녀들은 어떤 경로로든 분명히 알 수 있다. 자녀들은 마음에 상처를 받는다. 아버지의 말이 100% 사실이라고 해도 말이다. 지금은 결혼 생활 동안 있었던 일에 대해 진실을 밝히는 일보다 좋은 부모 역할을 하는 것이 더 중요하다. 내 자녀, 우리 자녀를 위해서 그렇다.

부모는 이렇게 서로를 의심하고 원망하느라 정작 자녀들이 부모와 상관없이 겪을 수 있는 정서적 어려움이 있을 수 있다는 사실을 모른 채, 누구에게도 도움 안 되는 싸움에만 에너지를 쓴다. 서로가 상대방에 의해 상처받고 희생당했다고 생각하며, 결혼 생활은 끝났지만 끝나지 않는 고통스러운 시간을 보낸다. 자녀들까지도 힘들고 지친다.

협력적인 부모 관계 만들기

물론 자녀들의 행동이 변화한 것에 상대방에게 의심이 든다면 확인해봐야 한다. 그러나 어머니가 혼자 상대를 의심하고 결론 내리지는 말자. 아이들과 관련된 문제는 아이들 아버지와 의논을 시도해보자. 이혼 과정의 상황에 따라서는 서로 말을 하지 않거나 연락을 주고받는 일조차 싫을 수 있다. 하지만 서로가 이혼에 동의한 상태라는 것을 잊지 말자. 부모 역할에 초점을 두고, 지아와 시아의 행동에 관해 원인이나 해결방안을 이야기해보자. 이런 의논이나 이야기를 하는 자체가 쉽지 않다는 것을 안다. 하지만 기억하자. 더는 부부가 아닐지라도 지아와 시아의 어머니이고, 아버지다. 이제 부모 역할을 재정립하여 협력적인 부모 관계를 만들어가야 한다.

어린 자녀들은 부모가 겪는 갈등에 휘말릴 때 충성갈등을 경험한다. 그러면 아버지와 어머니를 모두 사랑하는 일이 힘들다. 자녀의 충성갈등과 관련하여 부모 행동(50쪽, 여기 멈춰서 함께 해봐요)을 점검해보자. 또 지아와 시아는 따로 사는 어머니 집에 자기가 가 있는 동안에 아버지가 자기를 버릴지도 모른다는 두려움을 느낄 수 있다. 이는 면접교섭이 이루어지는 동안 양쪽 부모의 행동과 반드시 연결되지 않을 수도 있다. 아이들은 한쪽 부모와 함께 살지 못한다는 사실 자체가 슬프다. 이런 점을 고려하여 아버지(함께 사는)는 지아와 시아가 어머니를 만나는 일에 더 적극적으로 지지하고 안정감을 느낄 수 있도록 노력해야 한다. 아버지는 지아와 시아가 즐겁게 어머니를 만나고 오는 것을 바란다고 이야기해야 한다. 강력하게, 반복적으로, 언어적, 비언어적으로 전달하자.

또 어머니는 전문가의 도움을 받아서라도 지아와 시아의 욕구를 귀 기울여 들어야 한다. 어머니가 지아와 따로 사는 것이 자신을 버린 것이라 여기는지, 그런 마음에서 예전 일까지 생각나서 한꺼번에 큰 화가 나는지. 아이들이 진정으로 어머니에게 원하는 것이 무엇인지 아이들 눈높이에 맞춰 차분히 들어야 한다. 어머니가 아이들의 이야기를 듣고 해결하기 위해 아버지와 협력하는 모습을 보인다면 아이들은 안정감을 느낄 수 있다. 자녀가 부모로부터 심리적으로 지지를 받는 것은 중요하다.

자녀의 충성갈등과 관련된 부모 행동 목록

나의 행동	행동 여부	어떻게 변화할 것인가?
1. 나는 아이가 있는 곳에서 다른 쪽 부모의 단점, 등 부정적인 이야기를 한다.		
2. 나는 아이의 다른 쪽 부모와 말하거나 눈 마주치는 것을 거부한다.		
3. 나는 이혼한 것을 전 배우자 탓으로 돌리고 무시하는 말을 한다.		
4. 나는 아이가 다른 쪽 부모와 있을 때 안전하지 않을 것이라고 걱정한다.		
5. 나는 아이의 다른 쪽 부모가 우리 집에 들어오지 못하게 한다.		
6. 나는 아이에게 양육비나 편지, 구두 메시지를 전달하는 심부름을 시킨다.		
7. 나는 아이의 다른 부모의 친척, 친구에 대해 나쁘게 말한다.		
8. 나는 이혼, 양육비, 경제 상황 등에 대해 아이에게 이야기한다.		

* 위의 내용은 미국의 이혼과 가족 분야의 전문가인 수잔 B. 보얀 & 앤 M. 테르미니 Susan Blyth Boyan, Ann Marie Termini가 지은 책 『이혼·별거 가정의 부모 역할』(81쪽. 내 아이에게 강요된 효도의식을 느끼게 하는 방식들)의 내용을 우리나라 상황에 맞게 재정리하였다.

양육부모 청소년기 경험할 수 있는 심리적 어려움

청소년기 시기 부모 이혼의 영향은 자녀의 성별과 성격, 부모의 태도, 부모와의 분리 기간, 평소 부모의 갈등 정도, 경제 수준 등에 따라 다르다. 또 청소년기의 발달특성과도 맞물려 있다. 청소년 시기는 발달 단계에서 중요하다. 신체적·정신적 변화가 크고, 한꺼번에 몰려온다. 부모 이혼이 아니더라도 부모에게서 독립 또는 자유를 원하는 마음과 세상의 위험으로부터 보호받아야 하는 마음 사이에서 혼란스럽다. 이 시기의 자녀는 때로는 어른스럽고 진지해 보이지만, 어떤 날은 놀라울 정도로 단순해 아이 같기도 하다. 또 하루도 조용할 날이 없는 또래 관계나 이성 관계로 마음이 복잡하기 일쑤다.

이런 시기에 자녀가 부모 이혼 소식을 접하게 되면 어떤 마음이 들까. 평소 부모의 부부갈등이 심했다면 별로 놀랍게 받아들이지 않을 수 있다. 또 자녀는 자신의 미래(대학 진학 등)에 대해, 생활 형편의 변화에 대해 더 걱정할 수도 있다. 그리고 이혼의 원인이 무엇인지 나름의 분석을 하고, 초연한 반응을 보일 수 있다. TV나 주변 친구에게 들은 이혼에 관한 정보를 이야기할 수도 있다.

부모는 자녀가 겉으로 드러내는 행동만으로 속단하면 안 된다. 부모의 상황을 다 이해했다는 듯한 표정 이면에 강한 두려움과 분노가 있을 수 있다. 부모가 나에게 어떻게 이럴 수가 있어. 아빠가 나에게 왜 이러는 거야. 자녀는 자신의 인생에서 가장 중요한 두 사람이 각자 다른 길을 가게 된 것에 마음이 복잡해진다.

황혜정 외(2010)의 이혼가정 청소년의 적응 행동에 관한 연구결과에 따르면, 심리 정서적인 면과 대인 관계적인 면에 부정적인 영향을 끼친다고 보고한 연구도 있지만, 대인관계 발달 양상에는 유의미한 차이가 없다는 연구결과도 있다. 결국, 부모 이혼이라는 환경 그 자체가 문제라기보다는 자녀가 그 환경을 어떻게 지각, 평가, 해석하느냐에 따라 미치는 영향이 다르다는 것이다. 부모는 자녀의 성향이나 발달 시기상 특징을 고려해 이혼 과정을 설명하여 부정적인 영향을 최소화해야 한다.

자기개념

청소년기에는 남의 시선을 의식하고 다른 사람과 비교하는 것에 민감해진다. 또 이상적인 자기 모습(Ideal self)을 상상하고 때로는 이상적인 자기상(Self-image)에 따라 행동하려 노력한다. 만약 실제 자신의 모습과 자신이 추구하는 이상적인 모습에 큰 차이가 있다면, 청소년은 괴로워하며 자기개념에 혼란을 겪을 것이다. 캐나다의 사회 심리학자 에드워드 토리 히긴스(Edward Tory Higgins)의 자기 불일치 이론(Self-discrepancy theory)에 따르면, 자신의 실제 모습과 되고 싶어 하는 이상적 자기 사이에 불일치는 불만족감을 만든다고 한다.

청소년기의 자기개념 발달은 단순히 자신을 이해하는 것뿐만 아니라, 자신이 속할 사회적 지지 집단을 스스로 선택하고 이러한 집단으로부터 자기개념에 대해 피드백을 주고받는 과정을 포함한다. 이 시기에는 가족의 피드백보다 자신이 속한 사회적 지지 집단, 즉 친구와 나누는 피드백이 훨씬 중요해진다.

청소년은 상대방을 기쁘게 하거나 좋은 인상을 주기 위해, 혹은 남들로부터 인정을 받기 위해 '진짜 나'의 모습과는 다른 거짓 자기 행동(False self-behavior)을 보이기도 한다. 하지만 실제 자기 모습과 간극이 커지고 거짓 자기 행동을 자주 보임으로써 결국 자기 자신에 대해 잘 모르게 된다. 자신이 무엇을 좋아하고, 어떤 것을 즐겨 하는 사람인지 잊어버리고, 주변에서 인정해주는 모습만 중요한 기준이 되어버린다.

청소년기에는 자개 개념의 하위 영역인 신체, 사회, 학습, 가족 영역에서 통합된 자기개념을 가지려고 노력하는 시기다. 이때 부모는 자기개념이 혼란스러운 청소년 자녀가 안정감을 가질 수 있도록 도와야 한다. 이 시기에 아무리 친구들의 피드백이 강력하다 해도, 자녀가 가족 구성원으로서 자신을 어떻게 느끼는지를 포함해 부모와의 애착과 이해, 수용, 의사소통 등에 대한 지각은 중요하다.

부모를 걱정하는 아이, 역할전환

이혼 후 부모와 자녀 관계는 알게 모르게 변화한다. 청소년 자녀 중에는 부모 이혼을 어느 정도 수용하여 담담하게 이야기하기도 한다. 나는 괜찮아요, 내 친구 부모님도 이혼하셨어요. 엄마와 아빠가 원하는 대로 하세요. 어쩌면 부모가 미처 깨닫기 전에 청소년 자녀는 부모의 마음을 터놓을 수 있는 상대, 부모가 세상에 내보이기 어려운 모습도 알아주고 위로해 주는 든든한 친구가 될 수도 있다. 이런 모습은 이혼의 혼란 속에서 잠시 나타날 수 있다. 하지만 부모와 자녀의 역할이 바뀐 모습이 길어지거나, 부모가 점점 더 정서적으로 의지하게 되면 자녀는 자신을 희생한다.

물론 부모와 역할전환이 되었을 때 긍정적인 점도 있다. 자녀는 다른 사람과 공감하고, 보살피는 역할을 배운다. 또 협상하는 방법도 익히게 되어 성인이 되었을 때 자신의 강점으로 활용할 수 있다. 하지만 이 경우 자녀는 부모를 위해 청소년기 자신의 욕구를 포기하고, 자녀로서 선을 넘는 책임감 속에 생활한다. 이는 자녀에게 결코 도움이 되지 않는다. 어릴 때 지나치게 자기희생을 하면서 다른 사람의 욕구를 보살피거나 '부모화'가 된 자녀는 성인이 되어서 친밀한 관계를 맺을 때조차, 자신이 돌봐주어야 할 것 같은 대상을 만날 수도 있다.

부모는 청소년 자녀와 관계에서 가까운 관계를 유지하기 위해서 최선을 다하되, '내가 좀 지나친가?'라는 질문을 해보자. 중요한 것은 정서적 의존성이다. 자녀에게 지나친 부담을 주지는 않는지 점검해봐야 한다. 자녀가 청소기를 돌리고, 물건을 사러 가거나, 저녁을 차리는 것처럼 집안일에 적당히 역할을 배분해 돕게 하는 것은 필요하다. 하지만 이혼 과정이 정리되고 가족들이 제자리를 찾아가게 되면 정서적 의존은 분명히 줄어들어야 한다.

만약 자녀가 그 선을 넘으려 한다면 부모가 선을 그어야 한다. 즉 자녀가 지나치게 헌신하는 것을 부모가 제한할 수 있어야 한다. 부모만이 선을 그을 수 있다. 자녀의 행동을 칭찬하되, 자녀의 세계로 돌려보내자. "넌 정말 잘해주었어. 하지만 엄마는 이제 네가 친구들과 즐겁게 노는 모습을 보고 싶어."라고 분명하게 말하자. 그리고 부모는 자녀가 친구와 학교의 세계에 초점을 맞출 수 있도록 도와야 한다. 이제 나는 너에게 다른 것을 기대한다고 확실하게 말해주자.

부모 이혼에 관해 설명할 때

청소년기 자녀에게 이혼 사유를 설명할 때 되도록 진솔하게 (부모가 사전에 협의하여) 설득력 있는 이유를 말하고, 무엇보다 신중한 결정이었다는 점을 강조하자. 먼저 부모가 이혼하게 된 이유를 설명하고, 자녀가 걱정하거나 궁금한 것에 관해 묻도록 하는 것이 좋다. 이렇게 가족이 모두 참여하여 대화하는 시간을 가지자. 물론 평소에 가족이 대화의 시간을 가지지 않았다면 어려울 수 있다. 자녀의 적응을 위해 부모는 용기를 내어야 한다. 몇몇 부모는 이혼 사유 때문에 자녀에게 말하는 시간을 부담스러워하거나, 적절한 때가 아니라 생각하여 미루기도 한다.

특히 이혼 사유가 배우자의 외도, 가정 경제 파탄 등일 경우 자녀에게 설명하기 부담스러워한다. 어디까지 얼마만큼 솔직하게 이야기해야 하는지 난감하다. 이때 배우자의 명예를 훼손하지 않는 범위에서 정직하게 말하는 것이 중요하다. 예를 들어, 이혼 사유가 남편의 외도라고 한다면 자녀에게 다음과 같이 설명할 수 있다. "아빠는 이제 엄마를 사랑하지 않아. 다른 사람을 더 좋아하게 되었어. 결혼 생활은 두 사람이 하는 건데 아빠는 더는 이 결혼을 원하지 않아. 아빠는 너를 사랑하지만, 엄마를 사랑하지는 않아." 부모가 이렇게 말하는 것은 분명 쉽지 않다. 하지만 자녀에게 집안 분위기나 부모 눈치를 보게 만드는 일은 더욱 해롭다. 청소년 자녀는 부모가 감정을 추스르고 차분히 설명하는 진솔한 모습에 자신의 감정도 안심하고 표현할 수 있다.

또 사춘기라서, 고3인데 공부에 방해되니까 등의 이유로 청소년 자녀에게 이혼에 대해 말하는 것을 미루는 경우가 많다. 물론 부모가 협의하여 적절한 시기를 결정하는 것이 좋다. 부모는 자녀에는 상처와 충격을 덜 주고 싶은 마음에 말할 시기를 미루지만, 한

참이 지난 후 부모 이혼을 알게 된 자녀는 부모에게 배신감을 느낀다. 부모가 자신을 속였다고 여기기 때문이다. 부모 이혼에 대해 쉬쉬하기보다는 자녀가 어떤 감정을 느끼고, 어떤 생각을 하는지 이야기 나누는 시간이 더 필요하다.

눈물만 난다. 생각만 해도 화가 난다

자녀 중학교 3학년 민준은 학교에서 친구들과 잘 지내고
성적도 우수하다. 반 친구들에게 친절해 인기도 많다. 하지만
민준이는 부모가 이혼한다는 이야기를 어머니에게 듣고 '엄
마는 이제까지 아빠 때문에 힘들어도 잘 참았는데 조금 더 참
으면 안 되냐, 왜 하필 지금이냐, 도대체 나한테 왜 이러냐'고
울면서 소리친다. 어머니는 민준에게 미안해서 아무런 말도
못 하고 소리죽여 눈물만 흘린다.

민준이는 이혼을 결정한 부모에 대해 분노한다. 학교생활 열
심히 하는 민준이 입장에서 부모의 이혼은 엄청난 역경으로 다가
왔다. 본인의 노력으로 넘을 수 없는 높은 벽이다. 갑작스럽게 닥친
가정의 변화(온전한 가족의 상실)에 대해 민준이가 할 수 있는 일은 없
고, 앞으로 어떻게 살아가야 할지, 자신이 노력해도 바뀌는 것은 없
는 것 같아 억울하고 불안하기만 하다.

물론 민준이는 부모님 사이가 좋지 않다는 것을 익히 알고 있
었을 것이다. 그래서 '아 오늘은 괜찮아졌나, 내가 이렇게 잘하고

있으니 언젠가 괜찮아지겠지' 생각하며 조마조마한 마음으로 살았을 수도 있다. 또 사회적 시선에 마음이 쓰일 수 있다. 청소년 시기에는 그 어느 때보다 또래 관계나 타인의 시선에 민감한 시기이다. 민준이는 부모의 이혼으로 인해 친구와 학교 선생님들의 지지나 인정을 잃을까 두려울 수도 있다. 아니면 일상생활의 상실에 대한 불안을 경험할 수도 있다. 민준이는 이렇게 복잡한 자신의 마음을 자세히 들여다볼 겨를 없고, 차근차근 표현하지 못하니 '눈물'이 나고 화가 나는 것이다.

민준 어머니의 경우, 민준이에게 이혼을 결정하게 된 상황을 설명하는 것이 좋겠다. 부부로서 어려움을 해결하려고 노력했지만, 이제 더는 노력하기 어려운 이유를 말이다. 민준이 어머니는 "엄마가 조금 더 참으면 안 돼"라는 원망 섞인 자녀의 말에 상처를 받았을 수도 있다. 아이의 마음이 이해되면서도 서운할 수 있다. 이때 어머니는 감정적으로 대처하기보다 민준이가 겪는 스트레스나 정서적 혼란을 수용하고 잘 대처해야 한다. 특히 민준이가 염려하거나 우려하는 것을 이해하는 것이 중요하다.

솔직한 대화가 도움이 된다. 어머니는 민준이를 사랑하는 마음을 표현하고, 무엇보다 민준이가 걱정하거나 불안해하는 것에 관해 이야기하자. 이때 민준이 아버지와 함께 설명할 수 있으면 더 좋다. 말은 한 사람(어머니)이 하더라도 그 자리에 아버지가 '함께 있다'는 사실만으로도 말하는 내용에 동의한다는 것이기 때문이다. 얼마만큼, 어디까지 설명할 것인지에 대한 것은 부모가 사전에 협의하면 된다.

부부가 이혼하면서 생기는 일은 헤어지는 방식과도 관련이 있다. 민준이 부모님의 경우 많은 고심 끝에 내린 이혼 결정이겠지만, 자녀 관점에서는 '갑작스러운', '부모 마음대로' 결정으로 여겨질 수 있다. 만약 심한 갈등 속에서 이혼이 진행되거나 오랫동안 갈등이 이어졌다면, 청소년기 자녀는 현재 상황에 대해 자신의 책임감과 죄책감 그리고 분노를 동시에 느낄 수도 있다. 또 부모의 이혼을 결점으로 인지하게 되어 독선적인 태도를 보일 수도 있다.

비양육 부모 **면접교섭**

이혼은 부부가 살아있는 동안에 법적으로 형성된 혼인 관계, 혼인으로 발생하는 인척 관계를 해소하고 서로 갈라서는 것이다. 그러니 이혼은 법률상 친자관계인 부모와 자녀 사이에는 영향을 미치지 않는다. 하지만 현실은 그렇지 못하다. 상당한 영향을 미친다. 물론 어떤 영향을 얼마나 미치는가는 양육 부모와 비양육 부모가 대처하는 방식에 따라 다를 수 있다. 특히 이혼 후 자녀와 함께 살지 않는 부모, 즉 비양육 부모는 자녀가 여전히 비양육 부모와 연결되어 있음을 느끼도록 부모 역할을 이어가야 한다. 매일 자녀와 일상을 함께 보내지는 않지만, 양육 부모와 함께 자녀를 양육한다는 인식이 필요하다.

이혼 후 자녀 최선의 이익(The Best Interest of the Child)을 보장하기 위해서 양육비와 면접교섭은 중요한 요소이다. 양육비는 자녀의 생활 안정과 교육을 위한 경제적 지원이다. 전 배우자(양육부모)의 생활비가 아니다. 양육비는 부모로서 반드시 부담하여야 할 의무이다.

면접교섭은 자녀가 비양육 부모로부터 버림받지 않았고 여전히 사랑받고 있다고 느끼게 하는 정서적 지원이다. 비양육 부모는 자녀와의 정기적이고 편안한 만남을 통해 자녀가 변화된 가족 환경에 잘 적응할 수 있도록 도와야 한다. 그래서 면접교섭은 자녀의 권리이고, 비양육 부모에게는 권리이자 의무이다.

자녀에게는 부(父), 모(母) 모두 필요하다. 이혼 후 비양육 부모는 자녀와 형성된 애착을 그대로 유지하는 일이 중요하다. 면접교섭은 비양육 부모와 자녀에게 인정된 권리로서, 비양육 부모와 자녀가 정기적으로 만나고 교류하는 것이다.

자녀에 관한 모든 것을 양육 부모 혼자 감당할 수는 없다. 물론 부부는 이혼하면 끝인 줄 알았는데 면접교섭 때문에 만나야 하는 것에 스트레스를 받을 수도 있다. 더러는 면접교섭의 필요성에 의문을 제기하면서 자녀가 혼란스러워한다는 이유로 회피하려는 양육 부모도 있다. 하지만 면접교섭은 자녀의 정서적 안정을 위한 측면도 분명히 있으므로, 자녀를 중심에 두고 양육 부모와 비양육 부모는 협력해야 한다.

건강한 면접교섭이 되려면, 먼저 일시와 장소, 방법 등을 구체적으로 결정해야 한다. 예를 들어, 격주로 토요일 오후 2시부터 다음날 오후 5시까지 면접교섭을 하는 것이다. 현재 가정법원에서는 매월 정기적으로 최소 2회를 권장하고 있다. 또 명절, 방학 등에는 같이 숙박을 하거나 여행을 가는 등 비정기적인 만남에 대해서도 구체적으로 정할 수 있다.

계획이 변경되면 반드시 미리 알린다. 자녀와의 면접교섭을 약속하면 최대한 약속한 대로 지켜야 한다. 하지만 어쩔 수 없는 상황이 발생하여 약속을 변경할 때는 반드시 양육 부모와 자녀에게 미리 알려야 한다. 자녀는 비양육 부모를 만나는 시간도 즐겁지만 만남을 기대하고 기다리는 시간도 소중하다.

건강한 면접교섭을 위한 가이드

면접교섭은 부모의 이혼이나 별거 등으로 자녀와 함께 살지 않는 부모와 자녀가 서로 직접 만나거나 편지 또는 전화 등 교류하는 것을 의미한다(민법 837조의2, 843조, 864조의2). 우리 민법은 부모뿐만 아니라 자녀에게도 면접교섭권을 인정하고 있다(민법 837조의2 1항).

다음의 내용은 면접교섭센터의 면접교섭 가이드라인(ver 2.5)을 활용하여 정리하였다. 면접교섭은 부(父)와 모(母)와 자녀 모두가 경험해보지 못한 낯선 형태의 생활패턴이다. 그러므로 면접교섭에 적응하는 시간과 과정이 필요하다. 면접교섭 과정은 기존에 알고 있던 양육 상식만으로 적절히 대응하기 어렵다. 이제 함께 살지 않게 되어 부모와 자녀가 만날 때 어떤 상호작용이 도움이 되는지 알아야 한다. 면접교섭이 제대로 이루어지지 않는다면 전문가의 도움을 적극적으로 구하는 것이 필요하다.

비양육 부모는 이혼 후 고독감, 상실감을 느끼며 자녀와의 관계가 단절되는 것에 대한 불안감에 사로잡힐 수 있다. 양육 부모 역시 일과 양육을 병행해야 하고, 자녀에게 흔들림 없는 부모의 모습을 보여주기 위해 육체적, 심리적으로 소진된다. 따라서 양육 부모와 비양육 부모는 서로의 상황을 이해하고, 실수와 한계를 어느 정도 수용해야 한다.

면접교섭을 할 때 기본적인 마음 자세를 짚어보자.

1) 면접교섭은 자녀와 '함께하는 시간'이다. 함께 사는 것과 비교하면 짧은 시간이지만, 의미 있고 즐겁게 보내는 게 중요하다.

2) 면접교섭 시간이 항상 흥미진진하고 신나기만 할 수 없다. 부모와 함께하는 잔잔하고 일상적인 시간 역시 자녀에게 좋은 추억이 된다. 예를 들어 비양육 부모의 집을 함께 꾸미거나, 좋아하는 음식을 함께 만들어 먹는 등 일상을 함께 하는 활동은 자녀에게 안정감과 유대감을 준다.

3) 만약 비양육 부모에게 다른 일이 있어 자녀에게 온전히 집중하기 어렵다면 면접교섭 시간을 줄이는 것이 좋다. 자녀와 함께 있으면서 자녀에게 관심을 두지 않으면 자녀는 상

처받을 수 있다.

4) 면접교섭 시간은 양육의 시간이기도 하다. 면접교섭 시간
동안 학업(과제), 예의범절, 친구 사귀기, 인성 형성 등 자
녀의 성장과 관련된 다양한 부분에 관심 가지는 것이 좋다
(단, 양육 부모의 양육원칙과 충돌하지 않도록 부모 간에
협의가 잘 돼야 한다).

5) 자녀가 성장할수록 정기적인 면접교섭 시간은 줄어들 수
있다. 그럴 때는 여행, 콘서트 참여 등 자녀와 특별한 시간
을 만드는 것도 좋다. 또 만나지 않는 동안 자녀와 전화, 문
자, 영상통화, 메신저 등을 통해 자녀와 관계를 유지할 수
있다.

6) 부모의 감정싸움에 따라 면접교섭이 달라져서는 안 된다.
면접교섭은 이혼 과정에도 이루어지는데, 이때 부모의 감
정이 격해져 있어 일관성을 잃게 된다면 자녀에게 다시 한
번 상처를 줄 수 있다. 정해진 약속을 최대한 일관성 있게
진행하도록 하자.

자녀와 면접교섭 할 때 범하기 쉬운 실수 - 비양육 부모

1) 자녀가 보고 싶다고 일방적으로 불쑥 찾아가는 것이다. 특히 술에 취해 찾아가 현관문을 두드리는 행동은 양육 부모와 자녀에게 불안감을 줄 수 있다.

2) 비싼 선물이나 많은 용돈 주기를 들 수 있다. 비양육 부모는 자녀에 대한 죄책감에 많은 돈을 쓰기도 한다. 자녀에게 용돈이나 선물을 줄 때는 부모가 서로 충분히 이야기를 나누는 것이 좋다.

3) 양육 부모와 상의 없이 자녀와만 약속하는 경우다. 다음에는 아빠랑 해외여행 가자. 여름방학 때 엄마가 어학연수 보내줄게. 이렇게 비양육 부모가 일방적으로 자녀와 약속하는 것은 자녀를 곤란하게 하거나 자칫 양육 부모와의 갈등을 초래할 수 있다. 반드시 먼저 양육 부모와 협의한 후 자녀와 약속해야 한다.

4) 양육 부모의 양육방식을 무시하고 비난하는 것이다. 일관된 양육을 위해 양육 부모의 양육방법을 존중해야 한다. 예를 들어 게임을 정해진 시간 동안만 하게 하는 것, 숙제를 먼저하고 놀게 하는 방식, 정해진 시간에 잠을 자게 하

는 등의 규칙이 세워져 있다면 비양육 부모도 이를 따르는 것이 좋다. 자녀에 대한 죄책감이나 안쓰러운 마음에 자녀의 요구에 지나치게 허용하는 등 기존의 양육방식을 벗어나면 종종 자녀가 비양육 부모의 마음을 그릇된 방향으로 이용할 수도 있다.

면접교섭에서 부모가 신경 써야 하는 부분

1) 비양육 부모가 양육 부모에게 미리 알려주고, 상의해야 하는 것들

면접교섭 동안의 대략적인 활동 계획, 그와 관련하여 요청하는 준비물(비양육부모가 면접 교섭 시 활동 계획, 예를 들어 수영, 캠핑, 숙박 등)을 알려주어야 양육 부모가 그에 맞는 옷, 준비물 등을 챙겨줄 수 있다. 또 장거리 이동이나 놀이공원 방문 등 일상적이지 않은 활동을 할 경우, 특히 양육 부모와 먼저 상의해야 한다.

2) 양육 부모가 비양육 부모에게 알려주어야 할 것들

최근의 건강상태, 질병, 상처, 발달상태, 먹는 약, 평소의 알레르기 및 주의해야 할 음식, 편식 여부, 챙겨야 하는 영양소, 요즘 학교, 학원 등에서 경험한 특별한 사건들, 최근 관심을 두기 시작한 영역(장난감, 놀이, 문화 등), 비양육 부모

가 선물해주어도 괜찮을 만한 물건 종류.

3) 면접교섭 시작 전 자녀의 열, 상처, 건강상태를 점검하고
   면접교섭이 끝나기 전에 한 번 더 점검하여 양육 부모에
   게 알려주기(양육 노트 활용).

4) 약속한 면접교섭 시간을 지키자. 약속 1시간 전부터 준비
   한다. 자녀의 옷, 신발, 가져온 물품 등을 꼼꼼히 챙겨서 가
   져온 그대로 챙겨 보내는 것도 중요하다.

5) 면접교섭 후 비양육 부모가 양육 부모에게 전해야 할 것들
   면접교섭 동안 자녀와 함께 했던 대략적인 활동 내용, 먹
   은 음식 종류(건강 사항과 관련된 것 위주로), 양육 부모가 건네
   준 약이 있는 경우 어떻게 먹였는지, 다음 면접교섭에 대
   한 대략적인 계획(자녀와 약속한 내용이 있는 경우).

6) 면접교섭 동안 자녀가 어떤 불편함을 느꼈다 하더라도 자
   녀의 경험을 그대로 존중하고 수용해야 한다. 부모가 편안
   히 반응해줄 때 자녀도 편안하게 계속 이야기할 수 있다.
   만약 자녀가 먼저 양육 부모에게 불편감을 표현하거나 도
   움을 요청한다면, 충분히 듣고 비양육 부모에게 전달한다.
   상대방을 비난하기보다 자녀가 편안하게 면접교섭 하도

록 상의해야 한다.

만약 자녀가 면접교섭을 거부한다면 어떻게 해야 할까?

자녀가 면접교섭을 거부한다면 그 이면에는 중요한 심리적 원인이 있을 수 있다. 부모는 이러한 심리적 원인을 찾아 해결해주어야 한다.

1) 면접교섭하는 것을 자녀에게 선택하도록 이야기하기보다는 당연히 해야 하는 것처럼 자연스럽게 설명해줘야 한다. 자녀가 자신의 부모를 꾸준히 만나는 것은 부모의 만족감을 위해서가 아니라 자녀의 행복과 성장에 큰 도움이 되기 때문이라고 이야기하는 것이 중요하다.

2) 자녀가 면접교섭을 거부하는 이유를 충분한 시간을 두고 알아보자. 무엇 때문에 불편해하는지 자세하게 물어보고 불편을 해소해주는 것이 필요하다.

3) 양육 부모는 자신이 면접교섭을 진심으로 바란다는 사실을 자녀에게 알려주어야 한다. 자녀 입장에서 자신이 면접교섭을 하면 양육 부모가 싫어한다고 여길 수 있어서이다.

4) 면접교섭 시간을 단축하거나 이동 거리를 줄여주는 등 자

녀가 조금 더 편안하게 면접교섭을 할 수 있도록 방법을 찾아본다. 특히 자녀가 청소년이 되면 학업이나 친구 약속 등 개인 시간이 필요할 수도 있으니 최대한 고려하여 면접교섭을 진행한다.

5) 비양육 부모는 면접교섭이 이루어지지 않았을지라도 자녀나 양육 부모에게 화를 내거나 원망하기보다 문자나 전화통화 등을 통해 자녀에게 관심과 애정을 꾸준히 표현해야 한다.

결국, 면접교섭은 강제로 할 수 없다. 면접교섭은 부모의 사랑이 자녀에게 진심으로 전해져 자연스럽게 이루어질 때 의미가 있다.

부모따돌림 증후군

부모따돌림 증후군Parental Alienation Syndrome[1]은 부모가 이혼하는 과정에서(자녀에 대한 양육권 분쟁과 관련해) 보일 수 있는 현상이다. 부모가 해결할 수 없는 갈등의 결과로 이혼의 과정에 있다 하더라도 자녀에게 불필요한 스트레스와 파괴적인 의사소통을 하는 것은 자녀에게 복잡한 심리적 스트레스를 느끼게 만든다. 하지만 이

....

1   [네이버 지식백과] 부모 따돌림 증후군[Parental Alienation Syndrome, 父母-症候群] (상담학 사전, 2016. 01. 15., 김춘경, 이수연, 이윤주, 정종진, 최웅용)

혼위기에 있는 부부는 심화된 갈등 때문에 상대 배우자에 대한 문제나 약점, 혹은 분노를 여과 없이 자녀에게 노출하는 반면, 이 과정에서 자녀가 느끼는 감정에 대해서는 민감하게 반응하지 못하는 경향이 있다. 이로 인해 자녀는 한쪽 부모에게는 반감을 갖게 되고, 다른 한쪽 부모는 불쌍히 여겨 한쪽 부모와 연합하여 반감을 느끼는 부모를 적대시하거나 반항적인 태도를 보이는 등의 현상이 나타난다. 이 현상을 부모따돌림 증후군이라고 한다.

면접교섭서비스(면접교섭센터) 이용

면접교섭서비스는 자녀를 만날 적절한 장소가 없거나 환경적인 어려움이 있는 부모와 자녀에게 중립적이고 안전한 공간을 제공하는 서비스이다. 면접교섭 서비스는 이혼 확정 후 양육 부모와 비양육 부모 간에 상호합의가 이루어진 경우와 자녀 양육 관련 소송 중 법원의 명령을 받았을 때 무료로 이용할 수 있다. 면접교섭서비스를 진행하는 기관은 가정법원이 제공하는 면접교섭센터, 한국건강가정진흥원 산하 양육비이행관리원, 전국의 가족센터(지역별로 서비스를 확대하고 있는 중)가 있다.

면접교섭센터(www. mannam.scourt.go.kr)

면접교섭센터는 가정법원이 제공하는 장소로서 부모와 자녀의 건강한 삶과 적응을 위해 아동심리 발달심리전문가의 조력과 부모-자녀 관계 개선 서비스를 지원하고 있다. 2014년 11월 10일 서울가정법원의 면접교섭센터 '이음누리'가 개소되었고, 2025년까지 전국에 18개의 면접교섭센터가 개소할 예정이다.

면접교섭센터에서는 면접지원 서비스와 인도지원 서비스를 지원한다. 면접지원 서비스는 센터 내에서 자녀와 시간을 보낼 수 있도록 돕는 서비스이다. 이때 면접교섭위원이 함께 돕는다. 면접

인도지원 서비스는 자녀를 인도할 적절한 장소가 없거나 중립적인 장소가 필요할 때 활용할 수 있다. 실제 면접교섭은 부모가 정한 장소에서 하고, 센터는 자녀의 인도만 돕는 서비스를 말한다.

양육비이행관리원(www.childsupport.or.kr)

양육비이행관리원에서는 비양육 부모와 자녀의 유대감 강화 및 양육 책임에 대한 협조적 인식 확대를 위해 면접교섭에 관한 상담, 중재, 합의를 지원하는 '개별 면접교섭지원 서비스'를 제공한다. 면접교섭 신청자의 특성과 면접교섭 및 양육비 이행의 지속성을 고려하여 면접교섭 지원 초기부터 전문상담가가 개입하여 개별 상담을 통해 당사자들이 면접교섭을 준비할 수 있도록 돕는다. 또 비양육 부모와 자녀의 관계증진을 위한 집단프로그램(집단 면접교섭 지원 서비스)을 운영하기도 한다.

양육비이행관리원에 따르면, 면접교섭 지원 프로그램에 참여한 사람들은 대부분 양육비 이행이 되지 않은 경우인데, 면접교섭 서비스를 받은 후, 자발적 양육비 이행률이 높아지는 효과가 있었다고 한다.

전국의 가족센터(일부 지역)

면접교섭서비스의 이용자 접근성 제고 및 효율적 운영을 위해 전국의 가족센터를 통한 면접교섭 서비스 확대를 추진 중이다. 서비스의 내용은 다음과 같다.

1) 중재 서비스

　　면접교섭 여부, 방법, 시간, 장소 등의 중재 및 협의

2) 상담서비스

　　상담위원 연계를 통한 양육 부모, 비양육 부모, 자녀의 개

　　인 상담, 부모교육, 면접교섭 지원

3) 모니터링 서비스

　　면접교섭 지속 여부 확인, 문제점에 대한 개선사항 제시, 지

　　속적인 면접교섭이행 지원

이혼과 아이를 방패로 삼아 자기 뜻대로 하려고 한다

남편 아내와는 결혼 초부터 서로 성격이 맞지 않아 자주 다
투다 보니 사이가 좋지 않았다. 아내는 서준(7세)이를 낳고
나서 산후 우울증을 앓기도 했다. 나는 몇 년 전부터 시골에
계신 어머니 일을 돕게 되어, 집에는 한 달에 한두 번 가는 정
도였다. 2년 전, 크게 부부 싸움을 하고 집을 나왔다. 현재는
별거 중이다. 별거를 시작한 후, 처음에는 아내가 서준이를
보여주지 않으려고 해서 못 만났다. 내가 늦은 밤 아파트까
지 찾아가서 서준이를 만나려고 하자, 아내는 나를 경찰에 신
고했다. 나는 화가 나서 양육비를 주지 않았다. 결국, 별거하
는 동안 서준이는 두 번(할아버지 장례식, 크리스마스)정도
겨우 만났다. 서준이 할머니도 서준이를 보고 싶어 하는데 못
만났다. 올해 초, 아내는 이혼하자고 하며 거액의 재산분할을
요구해왔다.

남편은 이혼과 서준이를 못 만나는 상황과 재산분할을 한꺼
번에 연결하여 생각한다. 배우자가 어린 서준이를 이용하여 '돈' 문
제를 해결하려 한다고 여긴다. 남편은 배우자의 행동이 괘씸하고,
화가 난다. 그렇다고 계속 화가 가득한 상태로 이혼 과정을 이어갈

수는 없다.

분노를 멈추고 생각해보자

먼저 남편은 배우자가 요구하는 이혼에 대해 감정을 추스르고, 합리적인 선택은 어떤 것인지 하나씩 생각해보자. 물론 말로는 당연히 알고 있는 일이고, 스스로 그렇게 하고 있다고 생각할 수 있다. 현실은 그렇지 않다. 어렵다. 감정을 자제하고 합리적인 선택을 하기는, 특히 지금 남편이 인식한 상황으로는 쉽지 않은 일이다. 분노 뒤에 뒤엉켜있는 여러 가지 감정들을 가려서 진짜 내가 느끼는 마음이나 감정을 찾기가 어렵다는 것이다.

이혼은 당사자들과 자녀에게 부정적인 영향을 주는 하나의 사건이기보다, 각자가 적응해나가야 하는 하나의 과정이다. 이혼은 많은 갈등 속에서 노력하고 또 노력하였지만, 갈등이 해결되지 않아 치열한 고민 끝에 내린 힘든 선택이다. 중요한 선택을 행동으로 옮기는 과정에서 억울하고, 막막하고, 걱정이 커진다. 이런 마음을 남편은 배우자에 대한 분노로 표출할 수 있다.

아내가 나에게 그런 말을 할 자격은 없어. 어떻게 나한테 저럴 수 있지. 너 정말 뻔뻔하구나. 아이를 인질처럼 잡고 나를 휘둘러 보겠다고. 내가 뭐 그렇게 바보인 줄 알아. 어림도 없어. 내가 본 때를 보여주지.

분노는 다른 감정과 마찬가지로 생각을 통해 유발된다. 남편의 경우, 이혼하자고 먼저 이야기한 것이 아니어서 이혼을 당한다고 느낄 수 있다. 배우자가 부당하게 공격한다는 생각이 남편의 화를 일으키고, 감정적인 대처로 이끈다. 머리끝까지 화가 나면 합리적으로 생각할 수 없다.

남편은 여기서 분노를 멈추고, 잠시 생각해보자. 내가 이혼한다는 것에 대해 어떤 생각이 드는지, 이혼 후 어떤 생활을 하게 될 것 같은지, 혹시 이혼 후 생활에 걱정과 두려움이 상대를 원망하는 마음으로 나타나는 건 아닌지. 이혼 후 나는 어떨지, 서준이는 어떤 마음일지, 서준이가 지금 원하는 것은 무엇일지 등. 이런 마음들을 노트에 적어 보는 것도 추천한다. 복잡한 마음을 글로 표현해보면 감정을 보다 선명하게 알 수 있다. 나의 '화' 뒤에 가려져 있는 여러 가지 감정을 발견할 수도 있다. 금세 잘되지 않을 것이다. 하지만 노력해보자.

최선의 선택을 하자

이후 화가 조금 가라앉는다면, 배우자의 입장을 한번 생각해보자. 어쩌면 배우자는 오히려 남편의 화를, 격한 반응을 이해하지 못할 수 있다. 도무지 이해가 안 된다고 할 수 있다. 어떤 경우에는 배우자가 정신적으로 힘든 상황, 정서적으로 어려운 상황일 수도 있다. 그러므로 남편은 지금 배우자의 행동을 곧장 저울질하여 판단하지 말자. 어떻게 저럴 수 있지. 저렇게 행동하는 건 안 되는 일이지 등. 분노와 미움이 끼어든 상태에서 내린 판단은 합리적 선택이기 어렵다. 배우자는 어떤 마음일지, 배우자가 진정 원하는 것은 무엇일지 생각해보자.

또 남편이 배우자에게 한 행동들도 점검해볼 필요가 있다. 부부가 결혼 생활 동안 배우자가 남편의 행동에 대해, 섭섭하거나 서운하거나 화가 난 행동들에 대해서 말이다. 물론 남편이 배우자에게 긍정적으로 대하며 노력했던 점들도 기억해보자. 그리고 부부가 함께 힘들었던 시간은 없었는지. 어떤가. 남편 역시 배우자처럼 부족한 점이 있었고, 실수도 했는가. 그렇다. 인정하자. 아무리 부부라도 꼭 내 마음대로만 되는 것은 아니다. 상대방이 알아서(내가 원하는 대로) 해주지도 못한다.

만약 이혼에 동의한다면, 이혼하는 방식은 남편이 선택할 수 있다. 부부 각자와 서준이를 위해 책임감 있게 이혼 과정에 대처하자. 자녀 양육과 관련한 친권, 양육권 지정, 면접교섭, 양육비 관련 사항과 경제적인 면도 차분한 마음으로 협의를 시도해보자. 물론 우리는 앞일을 미리 알 수 없다. 다만 이제까지 우리의 경험을 바탕으로 최선이라고 생각되는 행동을 할 뿐이다. 침착하고 조용한 목소리로 아내와 대화하자.

비양육 부모 **영유아기 자녀와 함께 즐거운 시간을 위해**

신생아 ~ 만 2세

1) 아직 어려서 양육 부모와 긴 시간 떨어지기는 어렵다. 짧은 시간(1시간 미만) 만남을 자주(주1회) 갖는 것이 적절하다.

2) 돌발상황(고열 등)이 언제든 발생할 수 있으므로 양육 부모가 동행하는 것이 적절하다.

3) 일상에서 자주 보지 못한 비양육 부모를 자녀가 낯설어할 수도 있다. 하지만 놀이 활동을 하다 보면 예전의 친밀감을 금방 회복할 수 있다. 만약 낯설어하는 시간이 길어진다면 영유아(만36개월 미만)만을 위한 키즈카페를 이용하는 것도 도움이 된다

4) 친밀감과 애착을 증진하려면 감자나 오이를 잘라 서로 마사지해주기, 서로의 얼굴이나 팔에 무독성 색연필, 화장품 등으로 장난스러운 문신 그려주기(지워주기), 로션 발라주기 등 피부 접촉을 많이 하는 활동이 좋다.

이외에도 성장발달에 맞춘 여러 가지 놀이 방법은 다양한 전문서적을 참고할 수 있다.

*참고 : 『0~5세 성장발달에 맞추는 놀이 육아』 김원철 외 지음.

(마음 책방, 2021)

비양육 부모 아동기 자녀와 함께 즐거운 시간을 위해
기분 표현하기 - 표정, 표정 그림을 활용하여

유아기 자녀의 경우, 자신의 감정을 인식하기 어려울 수 있고, 감정이 자주 바뀌기도 한다. 특히 비양육부모와 만났을 때 자녀가 익숙하지 않은 환경이라면 어색해하거나 불편해할 수 있다. 이때 비양육부모는 자녀가 적절하게 자신의 마음을 알 수 있도록 다양한 감정 단어를 대신 표현해준다.

"시아는 여기 처음이어서 어색하구나. 시아야 불편해?"

또 표정이나 표정 그림을 이용해 자녀가 자신의 감정을 표현할 수 있도록 도와주자. 자녀를 안심시키기 위해 무조건 "괜찮다. 괜찮아"라고 말하기보다, 자녀가 느끼는 감정을 그대로 받아주는 것이 좋다. 이런 상황은 누구나 불편할 수 있다는 사실을 설명하고, 그런 감정을 받아주면 자녀는 자신의 감정을 잘 알게 된다. 그런 다음, 자녀가 그런 감정을 느낄 때 할 수 있는 행동을 제시해주는 것이 좋다. 그러면 자녀는 불편한 감정이 잘못된 것이 아니라는 것을 배우게 된다.

일상 속 감정 나누기

부모가 이혼하고 함께 살지 않는 부모를 만나는 일은 자녀에게 새로운 경험이다. 만약 자녀가 자신의 감정을 전혀 표현하지 않

는다면 비양육부모가 먼저 감정표현을 보여주는 것이 좋다.

"엄마와 아빠는 오늘 시아를 만나 어떻게 놀면 좋을까 생각하니 기분이 막 좋았어. 시아는 어땠어?"

또 풍선, 신문지, 클레이, 점토, 뻥튀기, 색종이 등 다양한 매체를 이용하여 자녀의 감정표현을 도울 수 있다. 자녀는 자신의 감정을 표현하고, 부모가 인정해주면 자녀의 자아존중감은 향상된다.

1) 면접교섭 단절 기간이 길어서 면접교섭 재개를 불편해하는 자녀의 경우, 자녀에게 일회용 필름 카메라를 주고 평소 자신을 찍게 한 후, 다음 면접교섭 때 가져오게 하여 함께 사진 감상하는 것도 도움 된다.

2) 자녀와 신체적으로 접촉이 많이 일어나는 놀이를 하면 좋다. 예를 들어 부모의 몸 이곳저곳에 경쟁적으로 포스트잇을 붙이고 떼기, 서로의 손 그려보기 등이 있다.

3) 야외활동이 가능하다면 무전기를 가지고 나가면 상상력이 더욱 발휘되고, 도둑 잡기 등 다양하고 재미있는 상황을 연출할 수 있다(스마트폰 무전기 어플 활용).

4) 야외활동이 불가능하다면 거실에 실내용 텐트를 치고 그

안에서 하룻밤을 보내는 것도 야외 캠핑만큼 낭만적이고 특별한 추억을 만들 수 있다.

비양육 부모 청소년기 자녀와 함께 즐거운 시간을 위해

1) 중고등학생 자녀와 당장 대화가 어려운 경우에는 재미있고 몰입할 수 있는 활동을 하면 친밀감 형성에 좋다. 또 평소에는 카카오톡, 편지, 전화 등 간접적인 면접교섭 형태로 지속하여 관심과 애정을 계속 보여주는 것이 중요하다.

2) 반려동물이 있다면 함께 목욕시키기, 산책하기 등을 할 수 있다.

3) 자녀가 관심 있는 활동에 적극적으로 함께 하는 것이 좋다. 예를 들어 노래와 춤을 좋아한다면 블루투스 노래방 마이크와 노래방 앱을 활용하여 집에서 같이 노래방 분위기 즐길 수도 있다.

4) 청소년기 자녀라면 명절, 방학을 이용하여 3박 4일 등의 숙박면접교섭을 진행하면 좋다. 여행이나 캠핑도 가능하다. 청소년 자녀의 경우 1년에 1~2번 정도의 특별한 시간만으로도 비양육 부모를 애틋하고 소중하게 생각할 수 있으므로 면접교섭 빈도에 지나치게 불안해할 필요는 없다.

비양육 부모 양육비

우리나라의 경우 자녀 양육에 드는 비용은 부부가 공동으로 부담하는 것을 원칙으로 한다. 이혼 후 자녀 양육비는 부모의 재산 상황이나 소득 등 여러 사정을 고려하고 협의하여 정한다. 양육비 지급 방법과 형식에는 제한이 없다. 매월 정기적으로 일정액을 지급할 수 있고, 일시금으로 지급할 수도 있다. 또 금전으로 지급할 수 있고, 부동산 같은 실물로 지급할 수도 있다. 정기적으로 지급할 때는 지급 방법과 지급 날짜 등 구체적인 협의가 필요하다.

법률에 정해진 양육비 금액은 없다. 다만 서울가정법원에서 만든 양육비 산정 기준표는 당사자들이 양육비에 관한 협의를 하거나 가정법원이 양육비를 판단하는 경우 적용할 수 있으나, 법적인 구속력은 없다. 양육비는 이혼의 효력이 발생한 이후(협의이혼의 경우 협의이혼 신고 다음 날)부터 미성년 자녀가 성년(만 19세)에 이르기 전날까지 기간에 대해 지급하게 된다.

양육비를 협의할 때 고려할 사항

양육비를 협의할 때 고려할 사항으로는 자녀의 연령과 교육비, 교육계획(유학, 해외연수), 예체능 계열 자녀의 특별교육비, 자녀의 건강(수술비, 장애아동의 특수교육비) 등을 들 수 있다. 만약 양육비 결정이 어렵다면 양육비 산정 기준표(서울가정법원, 2021)를 참고할 수 있다. 산정 기준표의 양육비는 양육 자녀가 2인인 4인 가구 기준 자녀 1인당 평균양육비로서 자녀 나이에 따라 부모의 소득수준별로 9개 양육비 구간을 두고 있다(133쪽, [여기 멈춰서 해봐요] 2023 양육비 산정 기준표 참고). 이런 사항을 고려해 협의한 양육비 지급액은 최대한 지급하도록 노력해야 한다. 혹시 양육비 지급이 늦어질 경우, 비양육 부모는 양육 부모에게 미리 양해를 구하는 것이 좋다.

양육비와 관련한 협의가 잘 이루어지지 않을 경우, 재판을 통해 가정법원이 양육비를 정할 수 있다. 또 한국건강가정진흥원에 설치된 '양육비이행관리원'에 양육비에 관한 상담 또는 협의 성립 지원을 신청해 도움을 받을 수 있다. 2015년에 설립된 양육비이행관리원은 미성년 자녀의 양육비 청구와 이행확보 지원 등에 관한 업무를 수행하는 기관이다. 즉 양육 부모가 법의 보호 아래 비양육 부모로부터 양육비를 원활하게 지급 받을 수 있도록 돕는 일을 한다.

양육 부모에게 양육비가 중요한 만큼, 비양육 부모에게는 면접교섭이 중요하다. 그렇다 보니 양육비와 면접교섭 사이에는 묘한 긴장감이 있다. 만약 양육 부모가 면접교섭을 거부하면 비양육 부모는 양육비를 안 줘도 되는 것일까. 반대로 비양육 부모가 양육비를 주지 않으면 양육 부모는 면접교섭을 거부해도 되는 것일까.

또 비양육 부모가 면접교섭을 포기하면 양육비를 주지 않아도 되는 것일까 등. 비양육 부모와 양육부모는 양육비 이행과 면접교섭권을 두고 팽팽한 신경전을 펼치기도 한다.

양육비와 면접교섭은 자녀가 건강하게 성장하는 데 필수 요소이다. 양육비는 부모가 지켜야 할 부모에게 부여된 최소한의 의무이다. 비양육 부모의 입장에서 보면 양육비를 지급하면 양육부모 자신을 위해 써버릴지도 모른다는 생각을 할 수 있다. 더 나아가 양육비를 어떻게 쓰는지 증빙서류를 내면 지급하겠다고도 한다. 이와 관련해 최근 대법원 판례(2016. 6.)에 따르면 양육부모의 '양육재량권'을 인정하였다. 예를 들어 양육비 사용방법을 정한대로만 쓰도록 하거나, 양육비 영수증을 요구하는 행위는 양육재량권을 지나치게 침해하는 것이라고 했다. 이런 모습은 이혼했지만 전 배우자(양육부모)와의 감정이 정리되지 않은 상황에서 더욱 많이 나타난다.

효율적인 양육비 지급이 되려면, 비양육 부모가 양육비에 대한 인식을 제대로 가져야 한다. 즉 양육비는 자녀가 먹고, 공부하고, 생활하는데 필요한 최소한의 생활비라는 점이다. 비양육 부모가 소득에서 자신의 생활비를 빼고 남는 돈으로 하는 그런 지출이 아니다. 비양육 부모의 소득에서 그 무엇보다 우선 지급해야 한다. 자녀의 양육비를 지급하지 않으면 가장 크게 피해받는 사람은 자녀이다.

다음으로 매월 적정한 금액을 규칙적으로 지급하는 것이다. 이혼할 때 헤어지는 것에 급급해 감당하지도 못할 양육비를 즉흥적으로 정하는 경우가 있다. 양육비는 비양육 부모가 경제적 상황이 어려워졌을 때라도 지급할 수 있도록 계획을 세워놓아야 한다. 비양육자가 파산 또는 개인회생 중이라도 이미 정해진 양육비는 면책되지 않는다. 물론 양육비 금액은 변경할 수 있다. 비양육 부모가 감액을 요청하거나 양육 부모가 증액을 요청할 수도 있다. 이때 당사자(양육부모와 비양육부모)가 합의해서 양육비를 변경할 수 있고, 합의가 이루어지지 않으면 법원에 심판을 청구해서 양육비를 변경할 수도 있다.

만약 이혼 당시 양육비를 주지 않기로 했더라도 양육 부모는 언제든지 다시 양육비를 청구할 수 있다. 또 부모가 재혼해도 양육비 지급 의무는 변함없다. 비양육 부모가 재혼하면서 재혼 배우자의 반대로 양육비 지급을 중단하거나, 양육 부모의 재혼을 구실로 (양육비가 부족하지 않을 것이라 여기고) 지급하지 않으면 향후 분쟁이 생기기도 한다.

마지막으로 양육비는 면접교섭의 대가가 아니라는 점을 기억하자. 비양육 부모의 관점에서 양육비를 매달 지급하는데, 양육 부모가 면접교섭을 제대로 이행하지 않는다면 불공평하다고 느낄 것이다. 그래서 자녀를 만나게 해줘야 양육비를 준다고 하는 경우도 생긴다. 그러나 양육비는 면접교섭을 하는 대가가 아님을 분명히 알자. 자녀가 건강하게 생활할 수 있도록 부모의 의무를 다한 뒤 면접교섭에 대해 협조를 구하자. 그런 다음에도 양육 부모가 정당한 이유 없이 면접교섭허용의무를 이행하지 않으면 그 의무를 이행할 것을 가정법원에 신청할 수 있다.

이혼 이후에도 양육비와 면접교섭 관련 일로 고통을 겪는 경우가 있다. 부부로서 힘들게 지내던 시간을 끝내고 헤어졌는데, 부모 역할로 인해 전 배우자와 다시 소통한다는 것이 고통스러울 수도 있다. 양육 부모와 비양육 부모는 서로에게 간섭하고 갈등을 일으켜 아직도 결혼 상황인 듯할 때도 있다. 더욱이 서로 다른 교육관, 믿지 못하는 마음, 정리되지 못한 감정(분노나 원망 등)들로 인해 협의하지 못하고, 법정 싸움으로 번지기도 있다. 이런 경우 시간과 비용 측면에서 현실적인 어려움이 발생하고 심리적으로도 피폐해진다.

2023 양육비산정 기준표

(출처 : 대한민국 법원 홈페이지)

부모합산 소득 자녀 만 나이	0~ 199만 원 평균양육비(원) 양육비 구간	200~ 299만 원 평균양육비(원) 양육비 구간	300~ 399만 원 평균양육비(원) 양육비 구간	400~ 499만 원 평균양육비(원) 양육비 구간	500~ 599만 원 평균양육비(원) 양육비 구간	600~ 699만 원 평균양육비(원) 양육비 구간	700~ 799만 원 평균양육비(원) 양육비 구간	800~ 899만 원 평균양육비(원) 양육비 구간	900~ 999만 원 평균양육비(원) 양육비 구간	1,000~ 1,199만 원 평균양육비(원) 양육비 구간	1,200~ 이상 평균양육비(원) 양육비 구간
0~2세	621,000 264,000~ 686,000	752,000 687,000~ 848,000	945,000 849,000~ 1,021,000	1,098,000 1,022,000~ 1,171,000	1,245,000 1,172,000~ 1,323,000	1,401,000 1,324,000~ 1,491,000	1,582,000 1,492,000~ 1,685,000	1,789,000 1,686,000~ 1,893,000	1,997,000 1,894,000~ 2,046,000	2,095,000 2,047,000~ 2,151,000	2,207,000 2,152,000~ 이상
3~5세	631,000 268,000~ 695,000	759,000 696,000~ 854,000	949,000 855,000~ 1,031,000	1,113,000 1,032,000~ 1,189,000	1,266,000 1,190,000~ 1,344,000	1,422,000 1,345,000~ 1,510,000	1,598,000 1,511,000~ 1,702,000	1,807,000 1,703,000~ 1,912,000	2,017,000 1,913,000~ 2,066,000	2,116,000 2,067,000~ 2,180,000	2,245,000 2,181,000~ 이상
6~8세	648,000 272,000~ 707,000	767,000 708,000~ 863,000	959,000 864,000~ 1,049,000	1,140,000 1,050,000~ 1,216,000	1,292,000 1,217,000~ 1,385,000	1,479,000 1,386,000~ 1,546,000	1,614,000 1,547,000~ 1,732,000	1,850,000 1,733,000~ 1,912,000	2,065,000 1,958,000~ 2,101,000	2,137,000 2,102,000~ 2,224,000	2,312,000 2,225,000~ 이상
9~11세	667,000 281,000~ 724,000	782,000 725,000~ 885,000	988,000 886,000~ 1,075,000	1,163,000 1,076,000~ 1,240,000	1,318,000 1,241,000~ 1,406,000	1,494,000 1,407,000~ 1,562,000	1,630,000 1,563,000~ 1,758,000	1,887,000 1,759,000~ 2,012,000	2,137,000 2,013,000~ 2,158,000	2,180,000 2,159,000~ 2,292,000	2,405,000 2,293,000~ 이상
12~14세	679,000 295,000~ 734,000	790,000 735,000~ 894,000	998,000 895,000~ 1,139,000	1,280,000 1,140,000~ 1,351,000	1,423,000 1,352,000~ 1,510,000	1,598,000 1,511,000~ 1,654,000	1,711,000 1,655,000~ 1,847,000	1,984,000 1,848,000~ 2,071,000	2,159,000 2,072,000~ 2,191,000	2,223,000 2,192,000~ 2,349,000	2,476,000 2,350,000~ 이상
15~18세	703,000 319,000~ 830,000	957,000 931,000~ 1,092,000	1,227,000 1,093,000~ 1,314,000	1,402,000 1,315,000~ 1,503,000	1,604,000 1,504,000~ 1,699,000	1,794,000 1,700,000~ 1,879,000	1,964,000 1,880,000~ 2,063,000	2,163,000 2,064,000~ 2,204,000	2,246,000 2,205,000~ 2,393,000	2,540,000 2,394,000~ 2,711,000	2,883,000 2,712,000~ 이상

기본 원칙

① 자녀에게 이혼 전과 동일한 수준의 양육환경을 유지하여 주는 것이 바람직함
② 부모는 현재 소득이 없더라고 최소한의 자녀 양육비에 대하여 책임을 분담함

산정기준표 설명

① 산정기준표의 표준양육비는 양육자녀가 2인인 4인 가구 기준 자녀 1인당 평균양육비임
② 부모합산소득은 세전소득으로 근로소득, 사업소득, 부동산 임대소득, 이자수입, 정부보조금, 연금 등을 모두 합한 순수입의 총액임
③ 표준양육비에 아래 가산, 감산 요소 등을 고려하여 양육비 총액을 확정할 수 있음
  1) 부모의 재산상황(가산 또는 감산)
  2) 자녀의 거주지역(도시 지역은 가산, 농어촌 지역 등은 감산)
  3) 자녀 수(자녀가 1인인 경우 가산, 3인 이상인 경우 감산)
  4) 고액의 치료비
  5) 고액의 교육비(부모가 합의하였거나 사건본인의 복리를위하여 합리적으로 필요한 범위)
  6) 비양육자의 개인회생(회생절차 진행 중 감산, 종료 후 가산 고려)

*가족 구성원 : 양육자, 비양육자, 만 15세인 딸 1인, 만 8세인 아들 1인인 4인 가구
* 부모의 월 평균 세전 소득 : 양육자 180만 원, 비양육자 270만 원, 합산소득 450만 원

부모합산소득 / 자녀 만 나이	0~199만 원	200~299만 원	300~399만 원	400~499만 원	500~599만 원	600~699만 원	700~799만 원	800~899만 원	900~999만 원	1,000~1,199만 원	1,200~이상
0~2세 평균양육비(원)	621,000	752,000	945,000	1,108,000	1,245,000	1,401,000	1,582,000	1,789,000	1,997,000	2,095,000	2,207,000
양육비 구간	264,000~686,000	687,000~848,000	849,000~1,021,000	~1,323,000	1,172,000~1,323,000	1,324,000~1,491,000	1,492,000~1,685,000	1,686,000~1,893,000	1,894,000~2,046,000	2,047,000~2,151,000	2,152,000~이상
3~5세 평균양육비(원)	631,000	759,000	949,000	1,123,000	1,266,000	1,422,000	1,598,000	1,807,000	2,017,000	2,116,000	2,245,000
양육비 구간	266,000~695,000	696,000~854,000	855,000~1,031,000	~	1,190,000~1,345,000	1,345,000~	1,511,000~1,702,000	1,703,000~1,912,000	1,913,000~2,066,000	2,067,000~2,180,000	2,181,000~이상
6~8세 평균양육비(원)	648,000	767,000	959,000	1,140,000	1,292,000	1,479,000	1,614,000	1,850,000	2,065,000	2,137,000	2,312,000
양육비 구간	272,000~707,000	708,000~863,000	864,000~1,049,000	1,050,000~1,216,000	1,217,000~1,385,000	1,386,000~1,546,000	1,547,000~1,732,000	1,733,000~1,912,000	1,958,000~2,101,000	2,102,000~2,224,000	2,225,000~이상
9~11세 평균양육비(원)	667,000	782,000	988,000	1,163,000	1,318,000	1,494,000	1,630,000	1,887,000	2,137,000	2,180,000	2,405,000
양육비 구간	281,000~724,000	725,000~885,000	886,000~1,075,000	1,076,000~1,24	1,241,000~1,406,000	1,407,000~1,562,000	1,563,000~1,758,000	1,759,000~2,012,000	2,013,000~2,158,000	2,159,000~2,292,000	2,293,000~이상
12~14세 평균양육비(원)	679,000	790,000	998,000	1,280,000	1,423,000	1,598,000	1,711,000	1,984,000	2,159,000	2,223,000	2,476,000
양육비 구간	295,000~734,000	735,000~894,000	895,000~1,139,000	1,140,000~1,3		1,655,000~1,847,000	1,848,000~2,071,000	2,072,000~2,191,000	2,192,000~2,349,000	2,350,000~이상	
15~18세 평균양육비(원)	703,000	957,000	1,227,000	1,402,000	1,604,000	1,794,000	1,964,000	2,163,000	2,246,000	2,540,000	2,883,000
양육비 구간	319,000~830,000	931,000~1,092,000	1,093,000~1,314,000	1,315,000~1,503,000	1,504,000~1,699,000	1,700,000~1,879,000	1,880,000~2,063,000	2,064,000~2,204,000	2,205,000~2,393,000	2,394,000~2,711,000	2,712,000~이상

(전국의 양육자녀 2인 가구 기준)

1. 표준양육비 결정

가. 딸의 표준양육비 : 1,402,000원
(자녀 나이 15~18세 및 부모합산소득 400만 원~499만 원의 교차구간)
나. 아들의 표준양육비 : 1,140,000원
(자녀 나이 6~8세 및 부모합산소득 400만 원~499만 원의 교차구간)
다. 딸, 아들의 표준양육비 합계 : 2,2542,000원(=1,402,000+1,140,000)

2. 양육비 총액 확정

가산, 감산 요소가 있다면 결정된 표준양육비에 이를 고려하여 양육비 총액확정
- 가산, 감산 요소가 없다면 2,542,000원

3. 양육비 분담비율 결정

비양육자의 양육비 분담비율 : 60%(=270만 원/[180만 원+270만 원])

4. 비양육비가 지급할 양육비 산정

양육비 총액 × 비양육자의 양육비 분담비율의 방식으로 산정
- 비양육자가 지급할 양육비 : 1,525,200원(=2,542,000원×60%)

부모 **성인 자녀**

성인 이후 교육에 대한 양육비도 현실적으로 고려해야 한다.

결혼을 견뎌내기 힘들 때 많이 하게 되는 생각 중 하나는 '이혼하기 가장 좋을 때는 언제일까?'이다. 아마도 그 대답으로 막내가 대학에 들어가고 성인이 되었을 때를 가장 먼저 떠올릴 수 있을 것이다. 아이가 성인이 되었으니 부모의 소임을 다했어. 이제 나는 자유야. 내 인생 살아도 되겠지. 아이는 다 컸으니 괜찮을 거야. 그러나 이혼하기 좋을 때는 간단하게 대답하기 어렵다. 무엇보다 부모가 결혼을 유지하는 동안 어떤 일들이 일어났는지, 어떤 부모였는지, 자녀는 어떤 성향을 타고났는지 등에 따라 다르기 때문이다.

아이가 성인이 되면 부모를 이해하는 폭이 어느 정도 생길 것이라 여겨 자녀가 성인이 될 때까지 이혼을 미루기도 한다. 과연 부모가 이혼했을 때 성인 자녀는 별다른 상처를 받지 않는 걸까. 그렇지 않다. 성인 자녀들이 부모의 이혼에 반응하는 모습은 아주 다양하다. 물론 성인이니 부모를 이해하는 정도는 어린 자녀와는 다를 것이다. 성인 자녀는 부모의 이혼 결정을 좀 더 긍정적으로 받아들이거나, 친구나 주변 사람들로부터 도움받을 줄도 알게 된다.

우선, 성인 자녀 중에서 경제적 독립을 하지 못한 20대 대학생부터 이야기해보자. 성인 자녀를 이렇게 나누어 살펴보는 것은 자녀에게 경제적 지원이 이루어져야 하는 시기라서이다. 자녀가 만 19세라면 현실적으로 경제적 독립은 어려운 시기다. 만약 대학생이라면 향후 몇 년간은 양육비가 계속 발생할 것이다. 등록금, 책값, 자격증 공부, 어학 공부 등등. 적지 않은 금액이 소요된다. 현재 우리나라 민법에서는 이혼할 때 부모로서 미성년 자녀(19세 미만) 양육에 대한 권리와 의무를 정하고 있다. 그래서 성인이 된 후의 양육비는 오롯이 양육 부모의 몫이 된다.

여기서 기억해야 할 점은 이혼할 당시에 자녀의 성인 후 양육비(예를 들면, 대학교를 졸업할 때까지)에 대해서도 비양육 부모와 의논해야 한다는 것이다. 부모라면 누구나 자녀가 학업을 잘 마무리할 수 있기를 바란다. 여러 가지 복잡한 상황이겠지만 이혼을 생각할 때 자녀가 성인이 된 후 대학교 마칠 때까지의 양육비에 대해서도 서로의 현실을 고려하여 약정하는 것이 필요하다.

통계청 자료(2021)에 따르면 우리나라 이혼율은 아시아 1위, OECD 국가 가운데 9위다. 전체 이혼자 중 20년 이상 동거한 부부의 이혼율은 1990년 5.3%에 불과했지만, 2020년 34.7%로 급상승했다. 이는 이혼한 부부 3쌍 중 1쌍이 황혼이혼이라는 뜻이다. 오랜 기간 함께 살아온 부부의 이혼율이 증가한다는 것은 부모 이혼을 경험하는 성인 자녀의 증가를 의미한다.

성인기 초기인 대학생 자녀는 부모 이혼을 바라보며 어떤 마음을 가질까? 대학생 자녀에게 부모의 이혼은 '이혼' 그 자체보다 평소 부모와 자녀의 관계가 어떠했느냐가 더 중요할 것이다. 대학생 자녀라면 언제나 함께 지내는 것이 모두에게 행복한 것은 아니라는 사실을 어느 정도 이해할 수 있을 것이다. 또 시대적 흐름도 확연히 달라져 젊은 세대에게 결혼이 선택이듯 이혼 또한 더 나은 삶을 위한 개인의 선택이라고 여길 수도 있을 것이다.

무엇보다 평소 부모와 자녀 관계가 긍정적이라면 대학생 자녀는 가족해체 앞에서 처음에 충격과 스트레스를 받을 수 있지만, 시간이 흐르면서 무리 없이 적응할 수 있다. 하지만 대학생 자녀 중에는 한쪽 부모를 비난하거나, 부당한 대우를 받았다고 생각되는 다른 부모 편을 드는 경우도 생긴다. 그렇게 되면 대학생 자녀가 자기편을 들어주어 든든한 마음이 생기고, 이혼 스트레스로 무너지는 자신을 붙잡아주기를 기대한다. 하지만 그러지 말아야 한다. 물론 이때 자녀에게 어느 한쪽 부모의 편을 들어달라고 하는 것도 안 된다.

또 대학생 자녀에게 이혼하게 된 이유를 분명하게 설명해주어야 한다. 자녀가 어느 정도 컸으니 부모의 불행한 삶을 알고 있다고 속단하지 말고 가능한 한 솔직하게 말하자. 긴 시간 함께 살아왔지만 왜 더는 함께 살기 어려워졌는지, 앞으로 어떻게 살고 싶은지,

이혼 이후 두려운 것은 어떤 것이 있는지 차근차근 이야기하자. 이혼하는 부모로서 당장은 힘들겠지만, 시간이 지나면 차츰 나아질 것이라고 말해주자.

대학생 자녀에게 재정적인 부분에 대해서도 말해주자. 일하면서 대학을 다니는 자녀도 있겠지만, 집에서 학비 지원을 받으며 학교 다니는 상황이라면 경제적인 면도 큰 걱정일 수 있다. 부모는 이혼 후 대학생 자녀에 대한 경제적 지원을 어떻게 이어갈 것인지 의논하고 알려주자. 자녀에게는 굉장히 중요한 사안이다. 자녀의 미래, 직업과도 밀접한 연관이 있다.

특히 부모가 성인 자녀에게 이혼에 관해 이야기할 때 유의할 점이 있다. 부모가 결혼은 고통 자체여서 훌훌 벗어버리고 자유를 찾아가겠다는 듯이 말한다면 자녀에게 또 한 번의 깊은 충격이 될 것이다. 결혼하고, 자녀를 낳아 길렀던 시간. 부모와 자녀가 함께했던 20여 년의 시간을 인정하는 것이 중요하다. 그리고 부모는 자녀의 도움이 필요하다면 요청할 수도 있다.

중장년이 되어 이혼한 부모는 힘든 결혼 생활에도 자녀를 걱정하는 마음에 오랜 기간 버텨온 경우가 대부분이다. 그렇다 보니 대학생 자녀에게 많은 것을 기대하거나 의지하고 싶을 수 있다. 힘들 때 서로 도울 수는 있지만, 서로 융합되어 부모와 자녀의 위치가 뒤섞이는 것은 건강하지 못하다. 혼자가 된 부모는 부모대로 다시 살아가야 한다. 아무리 자녀가 성인이라도 지나치게 기대는 것은 서로에게 도움 되지 않는다. 서로 독립적인 삶을 사는 것이 무엇보다 바람직하다.

그렇다면 경제적 독립을 이룬 성인 자녀들은 부모의 이혼이 어떻게 받아들여질까? 성인이 된 자녀는 그 어느 때보다 부모의 이혼을 성숙하게 이해할 수 있을 것이다. 자녀는 자라는 동안 부모가 말다툼하고, 고함을 지르고, 사과하는 모습을 본다. 또 자녀는 부모가 경제적, 사회적인 어려움을 극복하고 자녀를 보호하면서 위기를 해결하려고 애쓰는 모습도 본다. 부모가 서로에게 또는 자녀를 어떻게 대하는지에, 어떤 모습을 지켜보았든지 간에 성인이 된 자녀는 부모의 이혼 소식에 충격을 받을 것이다. 겉으로는 별다른 반응을 보이지 않을지라도 말이다.

성인기 대인관계 특히 이성 관계는 자녀의 삶에서 중요한 부분을 차지한다. 자녀가 사랑과 결혼에 관해 고민할 경우, 진로를 고민할 때의 막막함과는 다른 불안을 경험하게 된다. 내가 사랑에 빠지는 그 사람이 평생의 동반자가 될 수 있을까, 결혼은 얼마나 중요할까, 돈은 얼마나 필요할까, 나는 아이를 원하는가, 나는 배우자와 함께 가정을 끝까지 유지할 수 있을까 등등. 이러한 시기에 부모이혼을 마주하게 되면 누군가와 친밀한 관계를 맺거나 유지하는데 어려움이 가중될 수 있다.

　이때 부모로서 해야 할 중요한 일은 자녀가 부모를 이해하도록 도와주는 것이다. 침착하고 솔직하게 대화하자. 자녀는 부모를 사랑하고 더 이상 힘들게 하고 싶지 않기 때문에 부모 이혼을 말없이 수용할 수도 있다. 설령 그렇더라도 부모는 용기 내어 자신이 겪었던 모든 체험, 즉 성공한 이야기뿐만 아니라 실수와 실패담까지도 이야기하자. 지금, 자녀에겐 부모의 경험이 그 어느 때보다 도움이 될 것이다.

　부모가 자녀와 대화를 원해도 언제나 순조로울 수는 없다. 평소 자녀와의 관계를 돌이켜보고 적절한 장소를 정해 대화를 시도해보는 것도 좋다. 대화를 통해 무엇 때문에 이혼하게 되었는지 설명하고, 결혼 생활과 이혼 과정에서 내가 한 실수, 내가 배운 교훈 등을 알려주어야 한다. 왜 이런 대화가 필요할까? 과거를 그냥 묻어두고 앞으로 잘 하면 되지 않을까. 그렇지 않다. 성인이 된 자녀가 사랑하고, 사랑하는 사람과 헌신적인 관계의 지속 가능성을 높이려면 부모의 결혼 생활에서 무엇이 부족했는지 알 필요가 있다. 그리고 부모는 자녀에게 이성 관계나 결혼 생활에 관해 애정 어린 격려를 해야 한다.

　또 어린 시절 부모로부터 상처를 받은 자녀가 있다면, 성인이 되어 이러한 대화를 통해 부모와의 관계를 개선하는 기회가 될 수도 있다. 대화 도중 기회가 되면 자녀가 어렸을 때의 일화를 이야기해도 좋다. 아이가 태어났을 때 가족이 살던 집, 엄마 아빠가 얼마나 기뻐했는지 등. 자녀의 관점에서 재미있던 일이나 중요한 일들에 대해 다시 이야기하며 좋은 기억들을 생생하게 기억하도록 해주자. 자녀에게 어린 시절 이야기는 인생 경험의 일부이며 존중되어야 한다.

어쩌면 엄격히 말해 부모의 잘못이 아닌데도 부모의 특정 행위, 말, 결정, 태도 등으로 인해 자녀는 오랫동안 부모에게 분노하고 있었을지도 모른다. 이때 부모는 중요한 결정을 어떻게 내리게되었는지 충분히 설명해야 한다. 부모가 왜 그때 이사해야 했는지, 왜 그렇게 열심히 일해야 했는지, 자녀를 키울 때 왜 그런 방법을 선택하였는지 등. 그러면 성인이 된 자녀는 어린 시절과 청소년기에 받아들인 관점과는 다른, 조금 더 성숙한 관점에서 다시 부모를 이해할 수 있다. 또 부모와의 관계에서 품은 깊은 오해를 풀 수도 있을 것이다. 자녀가 과거를 바라보는 관점을 바꿀 기회인 것이다.

자녀와 이런 대화를 나누기에 늦은 때란 없다. 지금은 그 어느 때보다 부모와 자녀가 가족 구성원의 한 사람으로서 서로 화해하고 용서하는 시기가 될 수 있다. 무엇보다 부모와 자녀 각자가 새로운 성장을 향해 나아가는 때이기도 하다.

Chapter 4

이제, 힘듦과 슬픔 사이에 삼킨 말들을
찾아 나서자

통합문학치료를 활용한 작업

여기서는 통합문학치료(Integrative Poesie und Bibliotherapie)를 기본으로 자신과 자녀를 돌보는데 도움이 되는 작업을 제안하였다. 표현예술치료의 한 갈래인 통합문학치료에서 특히 글쓰기 형식을 중심으로 소개하였다. 또 부모와 자녀에게 그림책, 소설, 영화 등을 제시하여 겹겹이 쌓여 있어 자신도 인식하지 못했던 인식과 사고, 감정을 알아차릴 수 있도록 하였다. 순서는 다음과 같다.

먼저, 이혼 과정이나 이혼 후의 나 자신에 관해 탐색해 보자. 다음으로, 부모로서 어떻게 해야 건강하게 양육할 수 있는지 스스로에게 질문해보자. 단지 자녀를 사랑하는 마음만 가지고, 사랑한다고 말한다고 해서 양육이 저절로 되지 않는다. 충분하지 않다. 사랑하는 마음을 자녀가 느낄 수 있도록 어떻게 행동해야 하는지 배우고 연습해야 한다. 마지막으로 부모와 자녀가 함께 생각(회피하고 싶은 주제지만)을 나누고, 내면의 갈등과 느낌을 솔직하게 드러낼 수 있는 작업을 해보자.

부모가 자녀를 잘 양육하는 일은 저절로 되기 어렵다. 물론 (정도의 차이는 있지만) 저절로 되기도 한다. 평소 부모가 자신을 소중히 여기며 잘 돌보고, 아이도 무조건적 사랑과 세심한 관심으로 양육을 하는 경우다. 아이는 좋은 사랑, 즉 무조건적 사랑을 받으면 그 사랑을 통해 자기 자신을 사랑하는 법을 알게 된다. 나아가 다른 사람을 소중히 여기는 방법도 터득한다. 하지만 현실은 그렇게 간단치 않다. 특히 부모가 혼란스럽고 고통스러운 이혼 과정에 있을 때는 더욱 그렇다.

혹시 오해가 있을 수도 있다. 두 가지다. 첫째, '치료', '통합문학치료'라고 하면 '내가 치료받아야 할 사람이라고 말하는 건가?'라는 생각할 수 있다. 그렇지 않다. 여기서 제시하는 방법들 대부분은 이혼 과정이 아니더라도 자신을 돌아보고, 경험한 일들에 대한 의미를 다시 해석하고, 자신에게 중요한 타인과의 관계를 점검하는데 활용할 수 있다.

둘째, 여기서 제시하는 작업이 이혼 과정이나 이혼 후에 생길 수 있는 복잡한 심리적, 정서적 어려움을 해결하는 절대적인 방법은 아니다. 다만, 여러 가지 작업을 혼자 또는 자녀와 함께 하면서 당사자인 나와 자녀는 스스로 점검하는 시간을 가질 수 있다. 특히 자녀와 함께 하는 작업은 자녀의 슬픔, 걱정, 불안, 우울 등을 인정하고 지지하여 함께 어려운 시기를 지나가도록 할 수 있다.

또 소개된 작업은 부모든 자녀든 자신의 문제에 도전하고, 내면의 상처들과 씨름하는 심리적 공간에 안전하게 접근하여 치유적인 시간이 될 수 있게 돕는다. 작업을 시도해 본 후에도 심리적 또는 정서적인 어려움이 이어지거나 심해진다면 반드시 전문가의 도움을 받아야 한다.

치유작업으로는 통합문학치료를 기반으로 많이 활용되는 기법을 소개하였고, 상황에 따라 표현예술치료, 인지행동치료 등을 함께 적용하였다. 여기서 이론적 배경을 정교하게 설명하기는 굳이 필요하지 않아, 통합문학치료에 대한 소개와 통합문학치료적 글쓰기의 치유성에 관해 간단하게 설명하겠다.

통합문학치료는 독일의 유럽정신건강 아카데미EAG(Europäische Akademie für bio-psycho-soziale Gesundheit)와 프리츠 펄스 연구소 FPI(Fritz Perls Institut)를 통해 우리나라에 유입된 이론과 실습을 바탕으로 한 것이다. 독일의 휘케스바겐(Hückeswagen)에 소재한 이 연구소는 1960년대에 세워지고, 1972년부터 문학치료 과정을 진행하였다. 연구소의 설립자는 『문학과 치료(Poesie und Therapie)』라는 책의 저자 페촐트Hilarion G. Petzold 교수와 일제 오르트(Ilse Orth)다(채연숙, 2015).

페촐트 교수는 1960년대 중반부터 프리츠 펄스 연구소(FPI)를 중심으로 심리치료의 통합에 대한 이론적 기초를 다지고 현장에서 실제 적용 가능한 통합적인 모델을 제시해왔다. 이러한 이론적 배경에서 출발한 통합문학치료는 펄스의 게슈탈트심리치료와 모레노의 사이코드라마를 받아들여 통합적 치료Integrative Therapie 의 한 갈래로 나아갔다. 통합문학치료는 시, 소설, 그림책, 영화 등 문학적 매체를 활용해 마음의 상처를 입었거나 심리적 고통으로 힘들어하는 사람들에게 자기인식과 자기표현의 확장을 도와주어 삶의 활력을 되찾게 하는 것이다.

통합문학치료에서 글쓰기(Writings in Integrative Poesie und Bibliotherapie)는 일반적인 글쓰기와 달리, 텍스트(시, 그림책, 영화 등) 를 읽기, 상상하기 등의 자극을 통해 자신이 경험에 대한 감정이나 정서의 환기를 도운 후, 자발적이고 자유로운 분위기에서 자신의 경험을 글로 표현하는 활동이다.

자신의 경험에 관한 글쓰기가 자기 치유의 효과가 있다는 점은 이미 많은 국내외 연구에서 지속적으로 보고되고 있다. 독일의 철학자 루츠 폰 베르더(Lutz Von Werder 외, 2004)는 글쓰기를 자기 치료적 방법이라 생각하고 자신의 삶을 하나의 이야기로 서술하면서, 그것을 통해 다시 자신을 기억하고 반복해낸다는 것은 하나의 창조적 행위가 되며 이것 자체가 벌써 치유의 효과를 주고 있다고 말한다.

자신의 이야기를 글로 정리해 냄으로써 거기 드러난 자기 자신과 대화하면서 이때까지 자신이 모르고 있던 자기와의 만남을 가능하게 한다는 것이다. 즉, 자기 자신을 글로써 객관화한다는 자체가 자신을 한걸음 물러나 바라보게 되는 여유(거리 두기)가 생기며 이 여유가 치유의 실마리가 된다(정성욱, 2016). 그리고 그런 객관화된 자신과 대화하면서 평소에 억누르거나 금기시해왔던, 아니면 한 번도 인식하지 못했던 새로운 자기와 만날 수도 있다.

이혼은 기존 관계의 상실이자 새로운 가족 형태의 탄생이다. 삶에서 가장 의미 있고 중요한 관계에 변화가 생기는 것이다. 이런 경험에 대한 생각이나 느낌을 표현하고, 통찰하기 위해서 문학(예술)을 이용하면 심리적으로 안전한 환경이 생긴다. 이를테면 나의 이야기가 아니고, 작품 속 주인공의 이야기다. 내 생각이 아니고, 그가 하는 생각이다. 이렇게 거리 두기와 객관화가 이루어지는 동안 심리적 안전감뿐만 아니라, 스스로 가치 있게 여기는 마음도 조금씩 천천히 자라난다.

이제 자녀들과 우리가 다시 성장할 수 있는 새로운 시도를 해 보자. 부모와 자녀를 위해 건강한 이혼 이후 환경을 만들어 보자.

1) 집중할 수 있는 시간을 확보한다.

2) 편안하게 머무를 수 있는 공간을 정한다.

3) 작업에 필요한 준비물을 챙긴다.

4) 개인의 기호에 따라 음악이나 차를 준비한다.

5) 잠시 눈을 감고, 지금 시간까지 나의 하루를 돌이켜보며 지금 기분이 어떤지 생각한다.

6) 눈을 뜨고 오늘의 작업을 시작한다.

부모 들어가는 나 : 부모를 위한 자기탐구와 자기표현

작업 1. 나의 이야기- 삶의 5가지 정체성

소 개　　나에 관해 이야기하는 방식은 다양하다. 보통 자신에 관해 이야기 해보라고 했을 때, 어린 시절부터 시작해 인생에 의미 있는 일들을 연대기적으로 이야기한다. 의미 있는 일에는 살아오면서 힘들었던 일, 기뻤던 순간, 큰 상실의 경험 등 사람마다 다르다. 때로 한 편의 영화처럼 구성해서 이야기하기도 하고, 3인칭 시점으로 '그/그녀'라 부르며 거리를 두어 이야기하기도 한다. 삶의 5가지 정체성 작업도 지금의 나를 이야기하는, 또는 이해하는 방법 가운데 하나다.

통합문학치료는 건강한 인간의 정체성을 5가지 축(Die füf Säulen der Identität)으로 나누어 제시하고, 그것을 균형 있게 유지할 수 있을 때 비로소 인간다운 삶의 활력을 가지고 살아갈 수 있다고 본다. 삶을 균형 있게 유지한다는 것은 각 영역이 어느 정도 또는 어떤 상태인지 알아보고, 한 영역이 부족한 경우 다른 영역을 활용해 부족함을 메울 수 있고, 넘치는 영역은 조절할 수 있는 것을 말한다. 삶의 5가지 정체성 작업은 지금 시점에서 나의 삶을 돌아보고 5가지 영역별로 나는 어떤 모습인지 살펴보는 시간을 가지는 것이다. 이 작업은 자기 스스로 더 나은 자신을 찾는 방법이자, 과정이다. 또 어떤 문제를 해결하는 데 자신만의 체계가 잡힐 수도 있다.

목 표	자신의 삶을 차분히 돌아보고, 자기 삶의 의도와 목적을 이해한다.
텍스트	특별히 제공하지 않는다.
활 동	그리기와 글쓰기
준비물	필기도구, 종이(A4 또는 4절지), 그리기 도구(색연필, 크레파스)

진행방법

1) 다음 5가지 영역에 대해 나의 상황은 어떤지 생각해보고, 영역별로 생각나는 내용을 쓴다. 이때 글쓰기가 주저된다면, 먼저 단어로 표현하거나 그림을 그려도 좋다(4절 도화지 이용).

   (1) 신체성 (건강, 외형적인 삶의 활력, 성정체성)
   (2) 사회적 네트워크 (사회적 존재, 친구 관계)
   (3) 일 / 능력 / 여가 (일의 만족, 업무 능력, 일과 여가의 분배에 대한 생각)
   (5) 가치관 (삶의 가치관, 목표, 신뢰)

【쓰고 난 뒤, 스스로 질문 하기】
   ① 인생에서 나에게 가장 중요한 것은 무엇인가?

② 나는 관계, 일, 여가 등을 통해 어떤 의미를 얻는가?

③ 나에게 가장 중요한 사람은 누구인가?

2) 어느 영역에 어려움을 느끼는지, 어디에 초점을 두어야 할지 생각해보자.

3) 그렇게 균형을 가지기 위해 나는 지금 무엇이 필요한지, 어떻게 하면 좋을지, 혹시 누군가에게 듣고 싶은 말이 있다면 어떤 말들인지도 생각해보자.

4) 이제, 나에게 나의 가장 좋은 친구가 되어서 해주고 싶은 말을 해보자. 글로 써도 좋다. 스스로 자신의 지지자가 되어보자. 말이나 글의 시작은 자신의 이름을 넣어 부르면서 한다. (예) ○○야 ~

5) 마무리

글을 다 쓰고 난 후 지금 기분은 어떤가? (다음에 제시한 방법 가운데 하나를 선택하여 진행)

(1) 지금 기분을 한 문장으로 표현해보자.

(2) 지금 기분을 체베나(Cevenar) 형식의 시로 표현해보자.

【체베나Cevenar 시형식】

체베나는 네덜란드의 7행시이다. 이 시형은 지금-여기의 정서를 가장 잘 표현할 수 있는 시형식이다.

(예)

1행: 장소 (상징적 의미의 장소도 가능) / 달리는 고속도로 위에서

2행: 행위가 들어 있는 '나'로 시작하는 문장 / 나는 음악을 들으며 글을 쓴다

3행: 질문이나 비교 / 보여주고 싶은 것보다 나로서 머물기 바라지만

4행: 앞의 내용을 좀 더 세밀하게 / 넓고 화려한 깔끔한 곳에서 너를 만나고

5행: 4행의 내용을 상술 각양각색 오밀조밀하고 따스한 나를 향한다

6행: 1행과 같게 / 달리는 고속도로 위에서

7행: 2행과 같게 / 나는 음악을 들으며 글을 쓴다.

작업 2. 삶의 파노라마

소 개 '삶의 파노라마' 작업은 자신의 삶에서 의미 있고, 중요한 순간을 꼽아보는 것이다. 태어나서 지금까지 살아오면서 변화 또는 굴곡이 있어서 좋았던 순간, 힘들었던 순간 등, 어떤 순간도 좋다. 5가지 ~7가지 순간을 포착해서 내 삶으로 한 뼘 더 들어가 이야기해보자.

이 작업은 이제까지 살아오면서 자신이 경험한 일들을 이야기하면서, 자신을 바라보는 시선을 넓힐 수 있다. 지금의 갈등이나 고통 앞에서 '힘들고 지친 나'가 나의 전부는 아니다. 예전에는 활동적이고, 유쾌하고, 따스했던 나도 내 안에 분명히 있었다. 다양한 나를 발견하고, 넓어진 시선으로 나는 어떤 사람인지 생각해보는 시간을 가져보자. 지난 경험을 이야기(글쓰기)하면서, 우리는 그 일이 지금 나에게 어떤 의미가 있는지 다시 정의 내릴 수 있다. 삶과 경험은 우리가 어떻게 받아들이고, 어떻게 해석하느냐에 따라 완전히 다르게 인식할 수 있기 때문이다.

물론 자신이 경험한 일 가운데는 큰 고통도 있었을 것이다. 예전 기억을 불러오는 일 자체가 내키지 않을 수 있다. 만약, 지금도 이야기하기 힘들거나 고통스러운 경험이 있다면 말하지 않아도 된다. 괜찮다. 아직도 고통스러운 경험은 이야기할 수 있는 때가 따로 있다. 나의 이야기를 들어줄 그 누군가가 필요한 일일 수도 있다.

목 표 삶에서 중요한 순간을 돌아보고, 자신이 어떤 존재인지 탐색해 본다.
텍스트 특별히 제공하지 않는다.
활 동 글쓰기
준비물 필기도구, 종이

진행방법

1) 태어나서 지금까지의 삶을 돌아보자. 이때 내가 아기였을 때 기억나는 일, 초등학생 때, 중학생 때 등 연대순으로 살펴봐도 좋다. 만약 잘 떠오르지 않는다면 다음 질문에 답하면서 생각해 보자.

① 내 어린 시절의 모습이 어땠는지 떠올려보자. 집안 분위기는 어땠나?

② 내가 학교 다닐 때는 어떤 아이였는지 떠올려보자. 나를 제대로 봐주는 선생님이 계셨나?

③ 내게 힘을 준 것이 무엇이었나?

④ 그때 부족한 것은 없었나?

2) 의미 있는 사건이나 순간을 5~7가지 정해보자.

3) 2)번의 5~7가지 경험을 간략하게 적어보자. 예를 들면 6하원칙에 맞추어 써도 좋다.

【쓰고 난 뒤, 스스로 질문 하기】

① 경험들을 살펴보면 어떤 생각이 드는가?

② 그때 일들은 그 당시 어떤 의미가 있었는가?

4) 그 가운데 1가지를 골라 구체적으로 써보자. 그 일이 일어나기 전에 어떤 일들이 있었으며, 그 일은 어떻게 일어났는지. 또 그 일의 결과 이후에 어떤 일들이 일어났는지 등. 그때 그 모습에 머물러 글을 써보자.

5) 이제 와 생각하니, 그 일은 내게 어떤 의미가 있는지 써 보자.

6) 마무리

글을 다 쓰고 난 후, 삶의 파노라마에 대해 자신을 위한 제목을 붙여보자.

작업 3. 나를 톺아보다, Self-Portrait

소 개 이 작업은 자신의 모습(Blind Contour Drawing)을 그려보고, 글로도 표현해보면서 내가 생각하는 나를 탐색할 수 있다. 먼저, 블라인드 컨투어 드로잉(Blind Contour Drawing)은 그리는 종이를 보지 않고, 대상만을 보며 윤곽을 그리는 그림이다. 이때 처음 한 점을 찍은 뒤 선을 이 어서 그린다. 거울 속 자신의 얼굴을 바라보며 선으로 그린 자화상은 어떤 모습으로 그려질까? 물 론 상상할 수 없을 정도로 형편없을 것이다. 삐뚤빼뚤, 나의 모습은 온데간데 없을지도 모른다.

그렇다면 여기서 왜 이 방법으로 자신의 모습을 그릴까? 그림 그리기에 대한 저항감을 완화하기 위해서다. 저항감이라는 것은 나는 그림 못 그린다는 생각, 그리기가 어렵다는 마음 등 자유롭게 그리는 것을 꺼리는 것을 말한다. 블라인드 컨투어 드로잉으로 그린 그림은 우리가 보통 '잘 그렸다'라고 여기는 그림과는 너무나 다른 모습이다. 선을 끊지 않고, 계속 이어 그리니 당연한 일이다. 아마'잘 그렸다, 못 그렸다' 생각보다는 '이게 뭐야', '아, 이럴 수가' 하는 어이없는 마음이 먼저 든다. 나중에는 '재미있네, 그래 나에게 이런 모습도 있을 거야'는 생각도 들 것이다. 그림 그리기에 대한 불편감을 거기서부터 완화해나갈 수 있다.

다음으로 자신의 얼굴을 글로 묘사해보자. 거울 속 자신의 얼굴을 그림 그리듯 자세히 설명하는 것이다. 이마, 눈, 코, 얼굴 전체의 분위기 등 구체적으로 써서 누군가 그 글을 읽고, 여러분의 얼굴을 그림으로 그릴 수 있을 정도로 써보자.

이 작업은 나 자신의 현재 모습을 글로, 그림으로 표현해보면서 내가 생각하는 나, 숨겨져 있던 나의 모습을 발견할 수 있다. 정신없이 살면 나의 감각이 나를 속여도 눈치채지 못할 때가 있다. 뜨거운 커피를 마실 때, 왠지 미지근하다고 느낄 수 있는 맥락과 같은 맥락이다. 그림을 그리는 동안, 글을 쓰는 동안 나의 모습을 찬찬히, 오래 들여다보고 나의 감각을 살려내 나를 톺아보는 시간을 가지자.

그런 다음, 오은 시인의 시 <나는 오늘>를 읽고, 나의 마음을 <나는 오늘> 시를 흉내 내어 표현해보자. 예전에 학교 다닐 때 한두 번 해보았을 것이다. 모방시 쓰기. 오늘은 사람이라면 누구나 가지고 있다는 '시인' 정체성을 내 안에서 한 번 꺼내보자. 중학교 1학년 국어 시간 심화 활동하는 마음으로.

텍스트	시 「나는 오늘」. 오은 (2020). 시집 『마음의 일』 중에서
활 동	그림 그리기와 글쓰기, 모방시 쓰기
준비물	거울, 종이, 색연필, 필기도구

진행방법

1) 종이와 색연필을 준비한다. 거울은 바라보기 편한 위치에 두자.

2) 종이의 적당한 위치에 점을 찍으며 천천히 선을 그어 얼굴의 윤곽을 그리자. 이때 종이는 보지 않고, 거울 속 얼굴만 바라보며 그리는 것이 핵심이다.

3) 집중하고, 천천히, 끝까지 그리자.

4) 다 그렸다고 생각될 때, 색연필을 멈추고, 그림을 보자.

5) 내가 그린 그림은 어떤가? 마음에 드는가?

6) 그림을 옆에 두고, 지금 떠오르는 단어 또는 생각을 3분간 글로 써보자.

7) 다음은 다시 거울을 보며 얼굴을 글로 묘사해보자.

8) 이때 내 모습을 다른 대상(사물, 상태 등)에 비유하거나 은유해서 표현해도 좋다.

9) 다 쓴 뒤, 글을 소리 내어 읽어보자. 어떤 기분이 드는가?

10) 마무리

이번에는 시「나는 오늘」을 읽고, 1행을 '나는 오늘'로 시작하는 모방시를 써보자. 이번 작업을 하면서 느꼈던 기분, 생각, 반응 등 내 몸에서 일어났던 반향을 생각하며 시로 표현해보자.

【쓰고 난 뒤, 스스로 질문 하기】

① 변치 않고, 여전한 내 모습은 어떤 점인가?

② 오늘 '나'에 대해 새롭게 알게 된 점이 있는가?

③ 여전한 내 모습, 새롭게 알게 된 점을 생활에 어떻게 활용할 수 있을까?

(예)

나는 오늘 유리 / 나는 오늘 애벌레

금이 간 채로 울었다

거짓말처럼 눈물이 고였다 / 생각을 선물하고, 끊임없이 생각하며

진짜 같은 얼룩이 생겼다 / 나비가 되기를 기다리고 있었다.

나는 오늘 구름 / 나는 오늘 비행기

시시각각 표정을 바꿀 수 있었다 / 하늘을 등지고 푸른 하늘을 거슬러

내 기분에 취해 떠다닐 수 있었다 / 새로운 세상에 갈 수 있는 원동력으로

나의 목적지에 도달하고 싶다.

오 은.「나는 오늘 」 일부

작업 4. 나의 눈부신 타자들

소 개   이 작업은 내 안에 존재하는 여러 가지 모습의 나를 찾고, 대화를 나누는 시간이다. 사회생활에 최적화되어 익숙하지만 나 같지 않은 나, 어린 시절의 나, 가장 빛났던 시절의 나, 형편없던 시절의 나, 나만 알고 있는 회피하고 싶은 나. 더 나아가 '미래의 나'도 있다. 물론 상상이다.

호르헤 루이스 보르헤스(Jorge Luis Borges)의 단편 소설 『타자』에는 70대인 나가 20대 시절의 나를 만나서 대화를 나눈다. 여기서는 소설의 내용이나 주제가 중요한 것은 아니다. 다만 20대의 나와 70대의 나는 다른 생각, 다른 관점을 가졌다는 점이다. 같은 사람이지만, 분명 타자다.

나는 내 안에 있는 어떤 타자와 대화를 나누어 보고 싶은지 정해보자. 5년 후의 나, 예전에 힘든 일을 극복했던 나. 어떤 나도 괜찮다. 내 안에 타자가 지금의 나에게 어떤 이야기를 할지 상상해 보자. 만약 타자를 정하지 못하거나, 상상의 대상과 대화하는 것을 망설여진다면 내가 좋아하는 대상을 정해 대화글을 써도 좋다. 이렇게 대화를 주고받으며, 나는 현재 겪고 있는 혼란스러움에 대한 새로운 인식을 얻을 수 있다.

목 표   나라는 존재가 스스로 생각했던 것 이상의 존재임을 이해하자.

텍스트   『타자』. 호르헤 루이스 보르헤스Jorge Luis Borges (1997).
         『셰익스피어의 기억』 중에서

활 동   글쓰기 (대화 형식) / 준비물   필기도구, 종이

---

1) 호르헤 루이스 보르헤스의 소설 『타자』를 읽는다.

2) 대화를 나누고 싶은 나를 정해보자. 이를테면 5년 후의 나로 정할 수 있다.

3) 나와 타자(5년 후의 나)가 만날 공간을 정해 묘사해보자.

  - 이야기하기 편한 공간, 내가 좋아하는 공간 등

4) 공간에 대한 묘사가 끝났으면 나와 타자가 나누는 이야기를 대화글 형식
으로 써보자.

  - 스스로에게, 솔직하게 글을 써보자.

5) 다 쓴 글을 소리 내어 읽어보자. 어떤 기분이 드는가?

비치고 겹치는 나: 부모 역할을 위해 나에게 질문하다

작업 5. 나의 부모님은 어땠나요?

소 개 　이 작업은 나와 부모님과의 관계를 생각해보는 시간이다. 자녀 이
　　　　야기에 앞서 부모님 이야기를 먼저 꺼낸 것은, 내가 경험한 부모 환
　　　　경이 내가 부모가 되었을 때 영향을 끼치기 때문이다. 긍정적이든
　　　　부정적이든 말이다. 특히 갈등에 대처하는 모습, 감정을 표현하는
　　　　방식 등에는 자신도 모르게 어느새 닮아있을 수 있다. 아니, 절대 그
　　　　렇게 하지 말아야지 하는 모습조차 부지불식 간에 행동해버리기도
　　　　한다. 그래서 유년시절의 나와 부모님과의 관계를 먼저 살펴보자.
　　　　다음으로 부모와 나의 관계를 비춰보는데, 도움이 되는 몇 가지 질
　　　　문을 제시했다. 한 문항씩 읽고, 충분히 생각한 후 답글을 써보자.

텍스트 　특별히 제공하지 않는다
활 동 　글쓰기 (대화 형식)
준비물 　필기도구, 종이

진행방법

1) 다음의 질문에 답해보자. 각 문항을 천천히 생각하며 편안한 마음으로 답
　　글을 써보자. 혹시 글로 바로 쓰기 어렵다거나 쓸 내용이 잘 떠오르지 않
　　는다면, 떠오르는 장면을 그림으로 먼저 그려보고, 글로 써도 좋다. 시간을
　　충분히 가지는 것도 좋은 방법이다.

　　① 어린 시절에 부모님을 생각하면 가장 먼저 무엇(장면)이 떠오르는가?
　　② 가족의 분위기는 어떠했나?

③ 부모님이 나에게 자주 했던 말, 왠지 기억에 남는 말(자주 하지는 않았
지만)이 있는가?

④ 내가 부모님에게 정말 바랐던 마음, 말, 행동은 무엇인가?

⑤ 어린 시절 내가 절대 하면 안 되는 말과 행동이 있었는가?

⑥ 내가 생각하기에 부모님에게 나는 어떤 자녀였는가?

【쓰고 난 뒤, 스스로 질문 하기】

① 부모에게 받았던 것(가르침, 습관, 생각 등) 중, 내 자녀에게 꼭 전해주고
싶거나 주고 싶지 않은 것은?

② 어린 시절 나에게 부모님은 어떤 존재였나?

작업 6. 나는 어떤 부모가 되고 싶은가요?

소　개　　내가 내 아이의 부모라고 해서 아이를 위해 무엇을 해야 하는지 다
안다는 생각은 오만이다. 하지만 내가 부모라서 아이에게 누구보다
잘 줄 수 있는 것이 있다. 아이에게 반드시 필요한 것, 무조건인 사
랑이다. 이것은 아이가 성장하고, 행복을 느끼며 살아가는데 꼭 필
요한 조건이다. 더불어 아이에게 할 수 있는 일, 하면 안 되는 일, 해
야 하는 일 등 규칙을 지키는 것과 한계를 가르치는 것도 중요하다.
이것을 아이가 알게 하고, 느끼게 하는 사람이 바로 부모다. 이번
작업에서 부모로서 나는 어떤지 살펴보고, 더 나은 부모가 되기 위
해, 필요한 것은 무엇인지 찾아보자. 내가 자녀를 여전히 사랑하고
있다는 사실, 나의 행동, 선택이 여전히 자녀에게 지대한 영향을 끼
친다는 사실, 부모로서 책임감 있는 선택을 하기 위해 최선을 다해

고려하고 신중하게 용기를 냈다는 사실. 이런 사실들을 분명히 하는 시간을 가져보자.

텍스트	특별히 제공하지 않는다
활 동	글쓰기
준비물	필기도구, 종이

진행방법

1) 아이가 세상에 처음 태어났을 때, 내 팔에 안겼을 때 어떤 기분이었는가?

2) 아이를 키우면서 가장 기뻤던 순간은 언제인가?

3) 부모로서 가장 속상했던 순간은 어떤 때인가?

4) 내 아이는 어떤 아이인가? (성향, 좋아하는 것, 싫어하는 것 등)

5) 지금까지 나는 어떤 부모였는가? 부모로서 나의 강점과 단점은 무엇인가?

6) 앞으로 나는 어떤 부모가 되고 싶은가? 아이가 행복할 수 있도록 돕는 부모가 되고 싶다, 아이의 삶에서 힘든 일이 생겼을 때 옆에 든든하게 함께 있는 부모가 되고 싶다 등등. 구체적인 이유나 일반적인 이유 어떤 것도 괜찮다. 5가지 이상 써보자.

7) 그런 부모가 되는데 현재 어떤 어려움이 있는가?

8) 어려움을 해결하기 위해 어떤 변화가 필요하다고 느끼는가? 지금 바로 실천할 수 있는 행동이 있는가?

【쓰고 난 뒤, 스스로 질문 하기】

① 부모인 나는 아이에게 어떤 말을 듣고 싶은가? 듣고 싶은 말을 나 자신에게 말해주자.

② 지금, 이 순간은 당신에게 무슨 색깔입니까?

작업 7. 이혼 후, 자녀 양육에 관한 나의 걱정은?

소 개   이 작업에서는 이혼 후 자녀를 키우면서 생기는/생길 수 있는 걱정
       거리를 적어보자. 예를 들어, 아이 앞에서 전 배우자와 싸우게 되는
       상황, 아이가 나를 원망하는 상황 등이다. 기억하자. 자녀 양육과
       관련된 걱정거리다.

텍스트   특별히 제공하지 않는다
활 동   글쓰기
준비물   필기도구, 종이

진행방법

1) 아이를 키우면서 걱정되는 내용을 생각나는 대로 써보자. 아주 사소한 것,
   중요한 일은 아니지만 꼭 생길 것 같은 일, 갑자기 생각난 것 등 어떤 것도
   상관없다.

2) 쓴 내용을 소리 내어 읽어보자. 자녀와 관련된 걱정이 아니라, 나의 개인
   적인 걱정이나 불안은 없는지 점검해 보자.

【쓰고 난 뒤, 스스로 질문 하기】
① 나의 걱정거리를 써보니 어떤 느낌이 드는가?
② 걱정 가운데 휴지통으로 이동해도 좋을 것은 없는가?

작업 8. 너는 부모 이혼을 어떻게 이해하고 있니?
- 아이의 이야기 듣기

소 개   이번 작업은 부모 이혼에 관한 아이의 마음을 듣는 시간이다. 부모 이혼에 관해 아이에게 이야기하고 난 뒤, 아이들은 이혼에 대해 어떻게 생각하는지 이야기를 나누어보자. 아이들이 솔직한 감정을 이야기할 수 있게 해주자. 이때 아이가 말하는 정도는 평소 부모와의 관계에 따라 다르다. 부모도 마음을 솔직하게 표현해보자. 물론 이혼에 대한 격한 감정을 그대로 쏟아내라는 뜻은 아니다. 부모로서 느끼는 복합적인 감정을 하나씩 표현하는 것이다.

부모가 솔직한 생각을 말하지 않으면, 자녀는 자기도 참아야 한다고 느낄 수 있다. 어쩌면 당장은 참고 표현하지 않는 것이 여러분이나 자녀에게 쉬울 수 있다. 그러면 자녀는 부모가 힘들어할까 봐 자신의 느낌을 자꾸 숨기게 된다. 자녀도 자신의 상처와 분노를 표현할 수 있다. 자녀도 마음 놓고 울 수 있으면 좋다. 만약 자녀가 말할 준비가 덜 되어 보이면 언제라도 이야기할 수 있다고 해주자.

아이에게 부모 이혼에 관해 궁금한 점이나 걱정되는 점을 들어보자. 혹시 자녀가 반려동물을 걱정할 수도 있다. 만약 반려동물과 관련하여 부모가 합의된 내용이 없다면, 자녀와 함께 의견을 나누어보는 것도 좋다. 지금은 아이의 눈높이에 맞추어 상세하게 생각을 나누는 것이 필요하다. 이런 시간을 통해 자녀는 힘들고 복잡한 상황에서도 자기 생각을 분명하고 침착하게 표현하는 방법을 배운다.

텍스트	특별히 제공하지 않는다
활 동	이야기 나누기
준비물	편하게 이야기할 수 있는 시간과 공간

진행방법

1) 먼저 부모는 아이에게 이혼에 관한 아이의 생각을 듣고 싶다고 말한다. 이혼에 대해 어떻게 이해하고 있는지, 이혼 이야기를 들었을 때 어떤 마음이 들었는지 등.

2) 천천히, 생각나는 대로 이야기하라고 한다. 자녀는 가족이 해체되어 슬프고, 한쪽 부모와 함께 살지 못하게 되어 슬프다. 또 자녀는 학교 선생님과 친구들이 자신을 어떻게 생각할지, 걱정되고 혼란스럽다. 이런저런 마음을 하나씩 풀어낼 수 있도록 시간적 여유를 주고, 이야기해도 된다는 안전감도 느끼게 하자. 평소 이런 대화시간을 자주 가지지 못해 어색한 분위기라면 부모가 먼저 '지금 이 순간'의 느낌부터 이야기하면 좋다. 행여 이 시간이 자녀에게 부모의 걱정이나 불안을 하소연하는 시간이 되지 않도록 조심하자.

3) 자녀의 이야기를 들을 때, 부모는 마치 본인이 피해자인 것처럼 행동하거나 자녀에게 감적 부담을 주지 않도록 하자.

4) 자녀의 이야기를 듣고 난 뒤, 하기 힘든 이야기를 해 준 것에 관해 고마움을 전하자. 그리고 자녀가 궁금해하거나, 걱정하는 점에 대해서도 아이의 눈높이에 맞춰 설명하자. 혹시 다른 쪽 부모와 합의가 필요한 부분은 의논 후 이야기하겠다고 하면 된다.

【쓰고 난 뒤, 스스로 질문 하기】

① 자녀 이야기를 듣고 난 후, 나의 기분은 어떠한가?

② 지금 자녀에게 필요한 것은 무엇인가?

③ 부모 이혼에 관한 자녀의 감정을 듣고 부모인 나는 어떤 일부터 해야 할까?

작업 9. 그만해 - 그림책 『나의 왕국』

소　개　이 작업은 그림책을 보며 아이의 힘든 마음을 나눌 수 있다. 그림책에는 부모가 싸우는 장면, 싸우는 동안 아이는 안중에 없는 모습이 나온다. 이런 모습이 상징이나 은유로 표현되어 있다. 아이 옆에는 동물 친구들이 늘 함께 있다. 또 부모가 싸울 때 아이가 동물 친구들과 함께 큰소리로 "그만해"를 외친다. 아이가 용기를 내어 '내가 여기 있어'를 외치는 듯하다. 그럼 현실에서는 어떻게 될까? 자녀 관점에서는 쉽지 않다. 만약 부모가 싸우는 모습을 아이가 보고 힘들어했던 경험이 있다면 그때 아이의 마음을 이야기해 보자. 기억하자. 자녀 앞에서 부모가 격하게 싸우는 모습을 보이는 것은 안 되는 일이다.

텍스트　그림책 『나의 왕국』 키티 크라우더 글/그림. 책빛. 2021.

활　동　이야기 나누기 또는 그림 그리기

준비물　종이, 그리기 도구

진행방법

1) 그림책을 아이와 함께 읽는다. 부모가 읽어주어도 좋다.

2) 다음은 그림을 보며 부모의 표정, 아이의 모습, 아이와 함께 있는 동물들의

표정 등에 대해 이야기하며 한 번 더 읽어보자.

3) 아이의 마음이 머무는 장면, 부모의 마음이 머무는 장면을 이야기해보자

4) 엄마와 아빠가 싸울 때 아이의 마음에 대해 들어보자.

  이때 말로 표현하기 어려워한다면 그림 또는 색으로 표현하게 해보자.

5) 그림책의 결말에 대해서 아이와 이야기 나누어 보자.

작업 10. 우리 가족의 나눗셈
– 그림책『풍선 세 개』,『풍선 다섯 개』

소 개   이 작업은 부모가 이혼하면서 아이들이 겪는 상황에 관해 이야기
         나눌 수 있다. 그림책『풍선 세 개』는 부모가 이혼하고 세 명의 아
         이가 두 집으로 나누어지면서 함께 쓰던 물건과 가족의 추억을 나
         누는 모습이 나온다. '그냥 우리 모두 함께 살면 안 돼요?' 아이는
         부모에게 묻는다. 부모는 함께 지내지 못하는 이유를 담담하게 설
         명한다. 아이는 잘 모르겠지만 부모님이 하는 일이니 그대로 따른
         다. 사실 부모와 함께 살지 못하는 것뿐만 아니라, 형제자매까지 떨
         어져서 지내는 상황(분리 양육)은 만들지 말아야 한다. 아이들에게
         정말 힘든 일이다. 우리 가족의 나눗셈은 5 ÷ 2 = 5.

텍스트   『풍선 세 개』,『풍선 다섯 개』김양미 글·그림. (시공주니어. 2011.)

활 동   이야기 나누기 또는 그림 그리기

준비물   종이, 그리기(필기) 도구

진행방법

1) 그림책을 아이와 함께 읽는다. 부모가 읽어주어도 좋다.

---

2) 아이의 마음이 머무는 장면, 부모의 마음이 머무는 장면을 이야기해보자

3) 부모 이혼에 대해 처음 들었을 때 아이 마음을 표현하게 해보자

4) 아이가 부모 이혼에 대해 궁금한 것, 걱정되는 것에 관해 이야기하는 시간을 가지자.

5) 부모, 아이 각자 마음의 서랍을 그려보자. 거기에 어떤 마음들이 있는가?

6) 마음의 서랍이 잘 열리고 닫히기 위해 우리는 각자 어떻게 하는 것이 좋을지 생각해보자.

7) 그림책의 결말에 대해서 아이와 이야기 나누어 보자.

그림책을 보며 자녀의 마음을 헤아려 봐요

유아기 자녀

『**나는 두 집에 살아요**』

마리안 드 스멧 글. 두레아이들. 2012.

나는 빵 사이에 들어있는 소시지처럼 엄마와 아빠
사이에 끼어 즐거워했어요.
하지만 이 모든 것이 이제는 지난 일이에요.

그림책 표지에는 밝고 따스한 미소를 짓고 있는 아
이가 나온다. 아이는 엄마 집과 아빠 집, 두 집에 사
는데 처음과 달라져 이상한 일이지만, 두 집에 사는
것도 좋다고 한다. 이혼 너머의 그곳이 이런 곳이면
정말 다행스럽다. 부모와 자녀가 바라는 바로 그 모
습이다. 부모가 이혼하는 과정에 아이는 어떤 것을
경험하고, 느끼고, 행동하는지 그림책을 읽어보자.
부모와 자녀 모두가 밝고 따스한 미소를 지을 수 있
으려면 어떤 배려와 노력이 필요한지 이야기 나누
어 보자.

아동기 자녀
『흩어진 밤』

2021(개봉). 한국영화.

엄마, 아빠 헤어져 산다고 얘기하는 거야? 진짜야?

<흩어진 밤>은 부모가 이혼하는 과정을 지켜보는 아이들 시선을 통해 볼 수 있다. 조용한 분위기 속에서 아이들의 복잡한 마음들이 여기저기 묻어난다. 부모는 아이들에게 충격이나 힘듦을 되도록 덜 주려고 애쓰지만, 풀어가는 방법은 서로 다르고 답답하다. 또다시 부부 싸움에 씨앗이 되어 아이들 앞에서 다투기까지 한다. 영화에서 부모가 아이들에게 부모 이혼에 관해 설명하는 모습은 실망스럽다. 아이들은 '나는 누구랑 살아?', '우리는 어떻게 돼?' 계속 눈치 보고, 추측하는 일들이 이어진다.

영화를 보고 만약 내가 이혼 사실을 자녀에게 알린다면, 어떻게 이야기하는 것이 나을지, 하지 말아야 할 말이나 행동은 무엇인지 깊이 생각해보자.

영화를 보며 자녀의 마음을 헤아려 봐요

청소년 자녀
『붕대클럽』

2008. 일본영화.

그렇게 시시한 일로 사람 마음이 치료된다면, 누가 고생하며 살겠어?

<붕대클럽>에는 6년 전 부모가 이혼하고 엄마와 살아가는 와라가 나온다. 누구나 가지고 있는 마음에 상처와 그 상처를 위로하는 법에 관한 영화다. 누군가가 마음에 상처를 이야기하면, 그 상처와 관련된 공간이나 상황을 만들어 붕대로 감싸주는 행동을 한다. 그 모습에서 위안을 얻고, 용기를 내는 이야기다.

이 영화는 부모 이혼으로 인해 겪는 어려움만을 이야기하는 것은 아니다. 와라는 처음 부모가 이혼했을 때 버림받았다고 생각했고, 왜 버려졌는가는 생각하며 괴로워했다. 와라는 고작 붕대 하나를 감는다고 마음이 변하거나, 세상이 변한다고 믿지는 않는다. 하지만 누군가가 상처를 이야기하고 붕대를 감아주기를 요청했을 때, 붕대클럽 아이들이 붕대를 감는 행동을 하며 변화를 경험한다. 요청한 사람도, 붕대를 감는 사람도. 위로와 위안을 얻는 횡재를 한 것이다.

사람은 누구나 상처가 있고, 상처에서 회복하기 위해 최선을 다하는 사람이 많다는 이야기도 있다. 나에게도 상처가 되는 일이 있다면 어떻게 붕대를 감으면 좋을지 그려보자. 자녀와 함께 해봐도 좋겠다.

성인 자녀
『우리가 사랑이라 믿는 것』

Hope Gap. 2021. 영국영화.

당신들의 고통은 제 고통입니다.

영화 속 제이미 가족은 평범한 가족이다. 겉으로는
말이다. 29주년 결혼기념일을 앞둔 중년의 부모가
별거하고, 이혼을 향해가는 상황을 하나뿐인 아들
(성인) 제이미가 어떻게 느끼는지 눈여겨보자.

나의 온기, 나의 위안, 기쁨을 드리고 싶은 어머니
나의 스승, 나의 심판, 미래의 내 모습인 아버지

제이미는 부모의 갑작스러운 이혼으로 혼란스럽다.
제이미는 그 충격과 혼란을 어떻게 헤쳐나가는지,
사실을 받아들이기 힘들어하는 어머니와 어떤 대화
를 나누는지 보자. 아버지와 어머니와 아들이 각자
의 상황을 받아들이고, 인정하고 '사랑'에 대해 어떤
생각을 가지게 되는지 차근차근 따라 가보자.
내 마음, 내 자녀의 마음도 헤아려보고 정리해보자.

가정법원 의무면담실에서 이혼을 앞둔 부모를 만나면서 내 마음이 유난히 버거웠던 순간이 생각난다. 이혼이라는 관문 앞에 마치 내가 마지막 문지기라도 된 듯, 이런저런 사항을 확인하다 '아 이런 이혼은 누구 한 사람도 행복하기 어렵겠구나' 는 생각이 들 때다. 그냥 어쩔 수 없다고 생각하고, 당장 이혼하는 것이 최선인 듯 밀어붙이거나 떠밀려가는 모습. 그 모습에서 이혼 후 협력적인 부모 모습을 떠올리기는 어려웠다. 특히 이 시점에서 부모와 자녀에게 어떤 것이 필요한지, 우선이 되어야 하는지, 해야 하는 일은 무엇인지 등을 이야기하다 보면 이혼을 앞둔 부모의 자녀를 사랑하는 마음은 의심되지 않지만, 구체적인 협의가 안 된 경우는 더욱 그랬다.

현재 우리나라는 가정법원에서 미성년 자녀가 있는 이혼을 앞둔 부부에게 자녀 양육안내(부모 교육)를 실시하고 있다. 주로 이혼 과정에 놓인 자녀가 겪을 수 있는 심리적 또는 행동의 어려움을 알리는 내용이다. 단 회기로 강의형식이나 동영상 시청으로 진행되어 정보를 제공하는 정도다. 이혼을 앞둔 부모와 자녀가 겪어 갈

일을 생각하면, 다양한 상황에 대처할 수 있도록 돕기에는 역부족이다. 이혼 너머 행복한 삶을 향해 나아가는데, 도움을 줄 수 있는 다양한 프로그램이 이루어지기를 기대한다.

처음 책을 쓰겠다는 나의 마음은 어찌 보면 한 손에 이혼 과정을 담담하게 치러내는 부모와 아이 사진 한 장을 들고, 다른 손에는 망치 한 자루를 꼭 움켜쥔 모습이다. 그러고는 내가 원하는 책을 쓰겠다는 의지만 가득해 여기저기 망치질을 했다. 처음에는 마음과 다른 글쓰기 실력에 속상했고 초조했다. 광화문 광장에 있는 미국 조각가 조너선 보로프스키Jonathan Borofsky의 〈해머링 맨〉처럼 성실하게 망치질하고 싶었다. 마음처럼 쉽지 않았다.

함께 글 읽고, 영화 보며 열띤 토론도 마다하지 않던 글동무들이 있다. 지친 나에게 용기를 주고 지지를 주었다. 덕분에 여기까지 올 수 있었다. 정말 고맙다.

참고문헌

단행본 & 자료

곽금주. 『발달심리학:아동기를 중심으로』. 학지사. 2016.

수잔 B. 보얀 & 앤 M. 테르미니. 『이혼·별거 가정의 부모 역할』. 학지사. 2009.

정옥분. 『영유아 발달의 이해 제3판』. 학지사. 2018.

주디스 월러스타인·샌드라블레이크슬리. 『이혼 부모들과 자녀들의 행복 만들기』.
도솔. 2008.

숀 맥니프. 『통합예술치료 역사와 이론 및 실제』. 한국학술정보(주). 2014.

김원철 외. 『0~5세 성장발달에 맞추는 놀이 육아』. 마음 책방. 2021.

서울가정법원. 『2021년 양육비 산정 기준표 해설서』. 2021.

양육비이행관리원. 『비양육 부모 길라잡이』. 2016.

이원숙. 『가족복지론』. 학지사. 2016.

채연숙. 『형상화된 언어, 치유적 삶』. 교육과학사. 2015.

한국가정법률상담소. 2022년 상담통계. 2023.

Harter, S. 『The construction of the self: Developmental and sociocultural
foundations (2nd ed.)』. The Guilford Press. 2012.

Stanley Coopersmith. 『The Antecedents of Self-Esteem (A Series of Books in
Behavioral Science)』. W. H. Freeman & Company.1967.

논문

강혜자. 사회비교와 자기비교의 두 과정에 관한 분석. Journal of Digital
Convergence. 14(3): pp 445-452. 2016.

곽금주. 아동기 기질의 발달적 변화가 지능발달에 주는 영향: 외향적 기질과 통제적
기질 특성을 중심으로. 인간발달연구. vol.21, no.3, pp 29-50. 2014.

김민녀. 부부갈등경험과 이혼결정과정에 관한 근거이론연구 : 법적 이혼절차 중인
부부들을 대상으로. 성심여자대학교 심리학과 박사학위 논문. 2018.

정성옥. 문학치료적 글쓰기와 관계적 자아정체성의 내러티브 연구 : 폴 리쾨르의 서
술정체성이론을 기반으로. 경북대학교 문학치료학과 박사학위 논문. 2016.

최다은. 유아의 창의성과 지적능력, 공감 능력 및 그리기 표상 능력 간의 관계 분석.
유아교육학논집. vol.21, no.3, pp 241-268. 2017.

이소영. 가족 환경이 아동의 자기개념 형성에 미치는 영향. 대한사회정신의학회. 제
11권 제1호. pp 42-49. 2006.

황혜정·천희영·옥경희. 부모의 이혼이 아동의 문제행동에 영향을 미치는 경로 분석: 주 양육자의 양육 행동과 아동의 자아존중감을 통해서. 대한가정학회지 : 제48권 7호, pp 99-110. 2010.

Stipek. Recchia & McClintic. Self-Evaluation in Young Children. Monographs of the Society for Research in Child Development. 1992.

Higgins, E. T. Self-discrepancy: A theory relating self and affect. PsychologicalReview, 94, 319-340. 1987.

인터넷 사이트

국가 통계 포털 www. kosis.kr

대한민국 법원 www. scourt.go.kr

면접교섭센터 www.mannam.scourt.go.kr

법제처 국가법령정보센터 www.law.go.kr

보건복지부 www.mohw.go.kr

양육비이행관리원 www.childsupport.or.kr

한국가정법률상담소 www. lawhome.or.kr

한국건강가정진흥원 www.childsupport.or.k

텍스트

김양미. 『풍선 세 개』. 시공주니어. 2011. 『풍선 다섯 개』. 시공주니어. 2019.

마리안 드 스멧. 『나는 두 집에 살아요』 두레아이들. 2012.

오은. 『마음의 일』. 창비교육. 2020.

윌리엄 니콜슨. 〈우리가 사랑이라 믿는 것〉. 영국영화. 2021.

이지형. 〈흩어진 밤〉. 한국영화. 2021.

츠츠미 유키히코. 〈붕대클럽〉. 일본영화. 2008.

키디 크라우더. 『나의 왕국』. 책빛. 2021.

호르헤 루이스 보르헤스. 『셰익스피어의 기억』. 민음사. 1997.